我是梁舒涵：

只要比昨天的我更進步一點點，我就贏了！

梁舒涵—著

放手去做，是你對自己的寬容。
只要還沒有停止努力，就還不算輸。

Agnes

2022下半年，「說來也是緣分，是工作上的來來去去。」讓我認識梁舒涵，這句話就是梁舒涵在書末寫的。確實是一種奇特的緣分，讓我看見梁舒涵。

當時，寬寬之前的一位宣傳同事我再找她回來公司工作，這真的是奇妙的緣分，因為這位同事本來是宣傳，後來離開寬寬後去做了經紀人。之後的幾年，我也配合她讓她的藝人來參加我們的活動演出。一直到寬寬公司當時的宣傳離職後，公司在求職網上徵人，這位前同事竟然看見我們在徵人，就打電話說她可以回來上班，甚至希望同時也來做大經紀部門。那時，公司已經簽了一個男團（在疫情期間簽的男團，做得非常辛苦），我想說好吧，可以談談！這個談談不僅是這位同事回鍋上班也包含了其他藝人的洽談，其中一位就是梁舒涵。

當時，我大概知道梁舒涵，就是演《女兵日記》嘛！有看過一下，畢竟那部戲很紅，有點印象。但是，我心裡想我會做的還是歌手不會做演員啊，那我真的要談嗎？想想，就再找了一下舒涵的資料，當然同事也給了我舒涵拍的廣告，但總覺得對她的了解不夠清楚，就自己花了時間使用「萬能的GOOGLE」，並花了幾個小時看了相關的演出影像及拍攝過的MV及廣告還有唱的公益歌曲……等和聲音有關的資料，看完後，覺得，是可以聊聊ㄟ，聲音還不錯啊！

只是，我就是個小公司，這樣金鐘獎得主會有興趣來談嗎？當時和同事說看可不可以約一下一起談談。

當然，很快我們就約到了，舒涵也來公司談了3個多小時，感覺相談甚歡，我當時是這樣覺得。想說談得很愉快，那應該要開始準備一些加盟的資料了吧……就很認真的思考是否要辦加盟記者會？什麼形式？想了很多……但，我以為的快，其實是一種很漫長的過程……也花了數個月的溝通甚至也停頓下來……讓我懷疑，我真的要簽她嗎？

那個時候，舒涵在拍台視的On檔戲，時間很不定，我想，可能是因為忙所以沒給答案吧，我想也沒關係，就再等等

吧……，正好可以思考她適合的歌曲走向，是搖滾還是要和男團師兄合作唱跳舞曲呢？那時也回想，和舒涵談的時候，她說同時在準備出書，那不就剛好讓她來寫詞試試看，這又花了近兩個月……當然，這一切也就是後來和師兄男團合作的「要不要約一下」的長時間創造的由來，這就是梁舒涵，一開始決定前會花長時間的準備和溝通，決定後就是完全的信任及努力付出，這是我後來了解也完全從工作上理解的梁舒涵。

後來我才知道，同時期，其實有很多公司、電視台想簽下舒涵，但，她花了時間溝通來選擇我們公司，是因為她想要找回入行的初心「當歌手唱歌」……她也相信我們會幫她完成當歌手的這個夢想。因此，在拍戲之餘，她應該也要說服深愛她的家人吧（家人擔心我們不會幫舒涵錄歌曲當歌手，這個擔心是正常的，畢竟經紀公司要自己為藝人發片是很少的，大概我們就是這少數吧……），或許，這一切就是她所說的：「有人和我說過一個理論，也許你今生要走的路是已經安排好的，而且是你自己為自己安排好的路。」回想和她合作到簽約這一路，足以顯現她正是為自己夢想努力，不畏艱難為自己安排的真實寫照！

一開始就說那麼多，就是要說舒涵是堅持夢想且不怕困難的女孩兒，而且，她更是一個為了夢想努力堅持的浪漫主義者，這個浪漫主義就是為了夢想而努力不懈的一種精神！

簽約前，我們深聊過幾次，她說之前的經紀公司……如何如何？她說她自己畢業後就是想唱歌，後了變成演戲的這一路辛苦堅持的過程，甚至一天只能吃一個茶葉蛋……我聽了鼻酸……但這中間，她都是說人的好，從未說過別人的不是，甚至，她認為為了堅持所吃的苦，都不算吃苦……這樣的女孩兒，你怎能不幫她呢？

她是一個十足正向努力的女孩兒，又平易近人！入行數十年，也看了這麼多的藝人，一旦得獎而小有名氣後，多少都會有些「不一樣」的行為，會要求「一些」和一般藝人不一樣的規格，例如：行頭，或是接待規格……等，但是，這些在舒涵身上一點都看不到，反而是我要求同事要給她高一些的規格，例如造型……等，一定要高一些的規格。她就是這樣的女孩兒，怎能不幫她！

寫到這裡，其實就是在表達真實的梁舒涵，也就是這本書裡表述的梁舒涵，一個真實的為了夢想堅持到底的，一個處處替人著想而從不喊苦、喊累的梁舒涵。

看了這本書，你會了解這樣一個實在不知該如何形容的善解人意，又極度善良，又堅持夢想不顧一切辛苦的浪漫主義者的梁舒涵，更重要的是，她帶給你滿滿的且充滿愛的正能量！更是值得你我找尋的積極、正面的力量，創造正面的人生觀，是現在這個時不時就來一點負能量的大環境所需要的一股重要反轉的力量！

寫在梁舒涵首本創作書之後

寬寬整合行銷 陳功儒

那個帶著甜甜的笑又善解人意的女孩

認識舒涵是因為她的攝影師老爸。在我的主持人時期，記者會、簽唱會一定會有「華哥」身影。

對舒涵的第一印象就是「甜甜的」——甜甜的笑容、永遠帶著笑意的瞇瞇眼，連講話聲音都是帶著笑意甜甜的！對這個想闖闖演藝圈的18歲女孩，我的建議是若願意在我小小的工作室先適應看看是否真心要走演藝路再說。因為當時正要上大學的舒涵。我是希望能讀書第一。沒想到在沒簽約的狀態下持續了將近兩年時間。

說實話，當舒涵邀請我為這本書寫序時。我是心虛婉拒的，因為……，我並沒有為舒涵做到什麼。舒涵卻說，當時公司安排的課程、試鏡、拍廣告都是最好的入門時光。

由此可見她是多麼的善良貼心，而且正是舒涵始終善良、堅定，時而傻呼呼的個性讓「梁舒涵」一步步被大家看見、記住。

謝謝甜甜的瞇瞇眼女孩梁舒涵，教我不忘初心！

殷君怡

來自長官和同袍的祝福與推薦

（依照《女兵日記》官階及駐佐排序）

劉香慈——

打地基的工作，往往會感覺時間流動緩慢。仰望洞口，總不禁自問：「風光明媚離我是不是還有千萬光年遠？」

然而，只要一點一滴敲磚灌漿，未來拔地而起，成為萬丈高樓，必將勝於虛華不實的空中樓閣。

誰知道螢光幕前開朗可愛形象的素娥，為追夢，曾捉襟見肘，依舊咬牙苦撐？誰知道當年輕男女，追求焰火般的曝光與流量時，舒涵自願先從事幕後工作，做好本分？

打地基的工作，是別人看不到的，只有自己知道，當野心撐不起夢想時，就是努力還不夠。

愈努力，愈幸運。只要耕耘，即使不去追夢，夢都會自己來追你。我替舒涵感到驕傲！

這本舒涵的人生紀錄，推薦給對螢光幕前工作有盼想的人們，呢喃般的流暢文字，搭配照片，讀起來彷彿舒涵活靈活現，與你面對面，無私分享。

陳謙文——

認識舒涵從台藝大時期的舞台劇合作到現在，10年以上的時間，都能感受到舒涵的不斷進化，不論是演員抑或是歌手，每天都進步一點點！現在也晉升作家身分，這樣的過程，真的很為她開心！

在她身上可以看到一種純粹的勇敢，努力著也相信一切都是最好的安排，只為朝自己的理想前進，若你也正為自己的夢想努力著，我很推薦你來看這本書！

羅平——

她有鄰家小女孩的氣質，親和帶傻氣的微笑總是讓周圍的人充滿溫暖，舒涵是個看起來知性，說話感性，感覺很夏天又自帶性感的女孩，對工作的自我要求相當高，記得跟她對戲之前，她一定會搞清楚

對方的表演模式，然後讓那場戲變的更豐富，現在跨領域當唱跳歌手也是相當亮眼，相當欣賞舒涵對工作的執著，相信大家一定等不及要一窺舒涵的內心世界。

楊晴——

每一次見到她都會覺得：「哇！你又突破了進步了！」像是她從演員到多了一個歌手的身分，現在還寫了自己的故事。我眼中的舒涵內心是個小女生，情感豐沛，帶著堅毅不拔的精神，很努力！認真的一步步堅持朝著自己的夢想邁進。
願大家讀完她的故事，會一起找回最初的熱情，也深信在朝著夢想邁進的路上，實在是很不容易，只要過程中一點一滴慢慢累積，那就一定會離夢想更近。
和她一樣「只要比昨天的我，更進步一點點，我就贏了！」一點點的進步，卻是關鍵。
如果此時此刻的你正踏上實踐夢想的路程中，又或是你正感覺到疲憊不知如何是好、想要找回當初的熱情時，我推薦這本書。

李宣榕——

每個人內心都有連至親之人可能都無法赤裸分享的那一面，但透過字字涓流，緩緩沁出深處的靈魂獨白。任性蛻變的勇敢、看似恣意妄為，但在省思下愈發的成熟。從女孩邁向女人的思維，將繼續無畏的譜寫屬於舒涵式的精采！而舒涵透過這本書告訴你我：「你，也可以帶著滿足感懷的心追尋自己內心的不滿足（想要的人生形式與夢想），活出你的精采！」

楊雅筑——

知道自己想要什麼並堅持下去的人，是需要智慧與勇氣！
在大家眼裡開朗和善良的舒涵有柔性的一面，說到對於工作的執著她又展現她剛強的一面。
孝順的她總是把家人放在第一位，也不忘時常關心朋友，既敏感又貼心的她，是我一開始對她的印象。
演戲、唱歌、跳舞又兼作家，我想是身為一個藝人的天花板了吧！

鄭亞──

若是要用兩個形容詞來描摹舒涵，我會說情感的、有夢想的。平淡的下班後時間，她總是有事可做，為自己與朋友帶來各樣驚喜，比如策畫有趣的影片，或是下午茶時段來個人生體悟大分享，有她的地方都能夠熱鬧起來。因一切來自於她豐富的情感，所以我們才能透過演戲、歌聲、文字去感受她的信念及對生活的熱情，她就像《小婦人》小說中的女孩們一樣，擁有不甘於平凡的霸氣。

王沛語──

帶著一雙愛笑的眼睛，模仿日本女孩說中文，「有趣」是我對舒涵的第一印象。在她身上我看見不畏艱難勇於挑戰的精神，面對天馬行空的創意，總能按部就班付諸實踐。
讀完此書，彷彿注入新的能量。有如此開朗的女孩陪伴，人生旅途不孤單，一同向前！

黃瑜嫻──

舒涵的可塑性真的好大！第一次看到她是在《女兵日記》前期訓練的時候，感覺她滿害羞的，有點內向的女孩。慢慢在拍戲過程當中，看見她是一個能量很強的女生；笑容很有感染力，想做什麼都會很認真的去完成。
如果你遇到挫折，來看看舒涵的笑容，就會充滿正能量喔！

林宜禾──

Hello在我心目中認真可愛努力樂觀的姊姊舒涵：
看到你出道十幾年一路走來的辛苦，很幸運在女兵有一個這麼適合你的角色，詮釋得那麼好，演活了整個角色，貫穿了整部戲。因為有你的創意，製造了很多美好的回憶，可以跟你合作，無比的榮幸！
下了戲的你一樣搞笑會照顧溫暖我這個小妹妹，好像任何事情都可以跟你聊，都能收到很多不錯寶貴的建議，也謝謝你來參與了我的公證見證我幸福的時刻 希望在不久的日子裡，換我也能參與你重要的時刻！

你除了是位敬業的演員、這一兩年還多了唱跳歌手的身分，如今又出書了，真的很為你感到高興，同時也感受到你是一位多麼有才華的人。希望你未來的每一天都能健康開心，**繼續創造各種不同樣的作品帶來給我們熱情**，我也會在這條路上繼續無畏的打拚，努力向你學習、跟你看齊！

方語昕——
永遠記得《女兵日記》的第一次演員見面，舒涵超級安靜的自己坐在一旁，之後讀本時舒涵坐在我旁邊，讀到其中一場情緒戲，她默默的落下淚，我當時心裡超級震撼，天啊！她也太厲害了吧！怎麼有辦法讀本直接讀到心坎裡（鼓掌）。如果要用一句話形容她，就是爆發力十足又堅強的女孩，我相信大家看完這本書之後，就明白我說的意思（笑）。

王上菲——
第一次認識舒涵時，就知道她是個非常有才華，對待每個角色總是全力以赴，絕不馬虎！從演戲跨界到主持、唱跳歌手！真的打從心底敬佩，代表她不僅僅是個優秀的演員，還是個三項皆能表現優良的才華女生！她的精神一直激勵著我，是我嚮往的典範！很開心能幫舒涵的第一本書寫推薦，也祝福舒涵一切順順利利！我會在背後當你最好的啦啦隊！

林建予——
一位好勝心堅強的女孩
只要是想要做到的事 她更排除萬難，誓言達成
在心裡失敗並不可怕 她也把它當作成功之路的養分

也有個平常人沒有的強大的心理素質
她不怕做不到 她只怕沒有行動力
唯有行動力 也才能更讓她堅決的往前進

她不怕苦 她有強大的責任心
年紀輕輕懂得學會吃苦耐勞 因為這是她的自律
一個團隊 她最永遠是最熱忱的那一個！
會無意間感染很多人 想跟她學習

梁瀚名——

從女兵的金鐘梁舒涵
到唱跳俱佳的梁舒涵
再躍進成為作家的梁舒涵
不斷超越挑戰自己的梁舒涵
能不推薦嗎

尹彥凱——

從《女兵日記》時期到現在一路看舒涵的自我突破，到現在演
戲唱歌都拿手！認識的她就是不停的與新事物相處，當中聽過
她多次分享的自我調適與對話的過程，表面平凡卻令人深思，
相信書中有更多值得學習的地方。

游小白——

哇，我們的素娥要出書了，她真的是一個才女來的，不但會演
戲，還是個動感歌手，現在要成為一位暢銷作家了！記得第一
次看到舒涵，是一個很客氣又靦腆的女生，想不到她可以把素
娥詮釋得那麼活潑、那麼鬼靈精怪，受到大家的喜愛！後來看
她跨足到唱跳歌手，也是有模有樣，真的是全村的驕傲，現在
她又要跨足到作家，真的是嚇壞我，怎麼可以這麼的超能！
舒涵跟我一樣都是從幕後轉到幕前，她的經歷一定很精采，很
期待她的故事，讓我們一起透過這本書，慢慢品味她的人生
吧！

李國強——

書中暖心和真誠的字句，讓我夢迴六年前拍攝《女兵日記》的
時候，能夠更清楚的感受到，舒涵一直以來所散發出的正能量
和她的熱情無畏！提醒著在逐夢這條路上的我，前方有個溫暖
的前輩，在陪伴著、用力的活著。

我是梁舒涵：

只要比昨天的我更進步一點點，我就贏了！

CONTENTS

✧ 自序

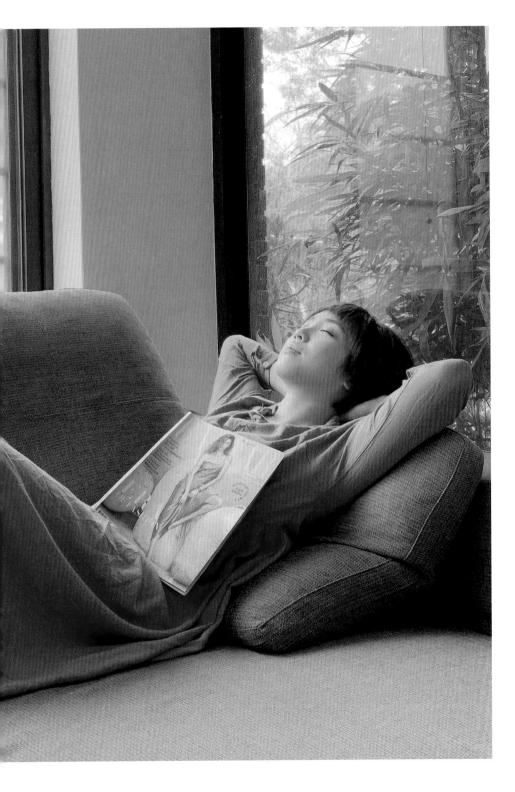

這本書的誕生說來有點多舛，但也比較貼近於我心中想要表達的事情。

　　其實我想寫書源自於我得到金鐘獎的那一天，不是因為喜悅，而是我想告訴大家，夢想不會只是空想，會有實現的一天的。也許不是一定會發生，但是如果連作夢的勇氣都沒有，絕對只剩下空想。

　　這本書的誕生其實是經過我的重新翻修過的。起初我想要出書的時候苦無資源，我不知道該如何達成。我跟當時的經紀人提起過卻不被採納，一直到前年，已經離得獎相隔一年了，新人獎都變老人獎了。後來經由從一位一直都很照顧我的大姊姊介紹而認識出版社，當我和出版社總編輯聊發想主題時，訴說起我這一路走來的點點滴滴——是什麼讓我決定走進演藝事業？我的初衷其實是想做一名歌手，我不想欺騙大家說什麼喜歡演戲啊、熱愛戲劇啊之類的，於是我調整了我的方向——「生命會為你找到出路」，事情的發展即使不是照著我的初衷走，但在追尋的路上我依然找到我熱愛的事，並選擇繼續在這裡專精。

等一切都定案了，書也寫得差不多了，照片、內文全部都已經準備好了，但是在和出版社發想怎麼編排這本書、設計這本書，慣性上，我想了很久，而這一想就過了大半年，就在這大半年之中，因緣際會我加入了現在的公司，然後發了一首單曲，當一切進行得圓滿順利時，我突然想起了這本書，赫然發現！這半年發生的一些事，好像又跟我原本寫書的設定不一樣了，我終究還是圓了我的最初的夢想了——唱歌！

　　事已至此，我只好厚著臉皮跟總編輯說：「總編輯不好意思……那個……我書可以重寫嗎？」

　　感謝阿丹總編，遇到我這麼瘋的作者還能和平的對談，他說他相信等待會有好果實的，於是這本書就從這裡開始。

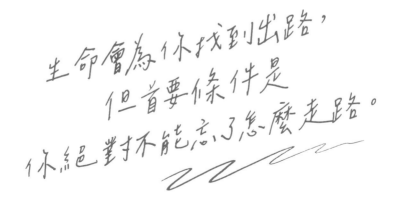

生命會為你找到出路，
但首要條件是
你絕對不能忘了怎麼走路。

◇ 我是一隻小小鳥

關關☆
關關

莫佳過

關關
關關
過

曾經我相信生命會為我找到出路，直到現在才知道我更不能忘記怎麼邁上這條路的。

大約是我小學三年級的時候，在奶奶房間看電視，電視播出歌手徐懷鈺〈妙妙妙〉歌曲的MV，看到她穿著色彩繽紛的漂亮衣服，唱歌、跳舞，讓我立志長大要成為一名歌手。

從我正式接觸到演藝圈再到發行了第一首單曲，這中間隔了15年。老實說，這幾年我幾乎已經放棄了這個夢想，甚至我已經將它遺忘，突然就在這時候，有個十字路口出現在我的眼前，在安穩以及一條未知盡頭的道路，我決定提起勇氣大步向前走。

時間帶走了我的青春

但熱情

我緊緊握住不放！

只要你發現你有源源不絕的熱情，那就是你此生要走的路。

大家都知道我大學念戲劇系，但一開始並不特別想當演員，是因為在高中上大學找志願的時候沒有歌手系，所以選了一個跟表演相關的戲劇系，而且我把所有的空缺都填上了戲劇系，因為我也不想念別的科系，從進入劇劇系開始我就這樣一路闖關闖到了現在。

時間有些殘忍，在我拿到第一個正式的角色之前，我當了10年的小模特，每天等試鏡然後跑試鏡，再等試鏡、再跑試鏡，日復一日，小演員的日常。

演員的日常就是，醒來面對看不到的明天——

HI，小舒涵你好嗎？你累了嗎？

當你周遭的朋友都開始計畫如何分配收支、如何存錢出國，也開始有人準備邁向人生下一步——組織幸福家庭時，而我，正在煩惱著明天的聚餐要不要去，因為這餐可能會超出我所能負荷的花費。

　　當大學畢業步入社會之後，為了堅持所謂的夢想，我也做了很多工作——賣咖啡、賣衣服、賣巧克力……等等，其中曾經在國際企業上班獲得老闆賞識想要提拔，但就不知道為什麼，心中就是不願意放棄等待一個角色的可能。

　　很多人問我為什麼？我也回答不出來，只是照個心中的聲音走。

　　你說這條路好走嗎？我想即使有一天我成為了楊紫瓊，我也沒有把握我下一部片會在哪裡？

我想要相信藝術，相信藝術能給予我們希望。

誤打誤撞的進了戲劇系的我，其實對於舞台劇一點都不認識。還記得開學第一天，老師在上課的時候問了大家有沒有看過 x！/'＋$%∧＆……我完全不知道那些是什麼，後來我才知道那是當時國家戲劇院引進的國際劇團演出。當時同學們一窩蜂踴躍的舉手爭相回老師的問題，我心想：我完了，這些到底都是些什麼人啊？

　　果不其然，大一時我完全沒有辦法融入班上同學的話題，加上我又住在家裡，跟那些晚上都會聚在一起聊天、吃飯的住校生，生活完全沒交集，我在學校還被歸類為台北幫的邊緣人，真的是直到班級展演（每學期每一年級的戲劇系班級都會準備一齣對外演出的舞台劇作為本學期的成果演出，在此我們簡稱班展。），看著同學興高采烈的拿著劇本研究、討論，準備著自己擅長的項目，我心想：「反正無論如何我都必須在這次的展演中工作，而且每學期我們繳著一樣的學費，要是我還做一些不是我喜歡或是不著邊際的工作，那這學期的錢豈不是白繳了嗎？」於是，我決定去甄選演員；為了不浪費學費就是打開我對戲劇熱情的那把鑰匙。

　　正式的投入的參與演出，從讀本開始一直到角色準備、排練、總彩排、技術排練，我第一次感受到團隊合作的成就感，也第一次著迷於準備角色跟創作的樂趣，從這時候開始，我很確定，我喜歡演戲！

戲劇超乎我所想像的深遠，但也因為戲劇讓我更認識自己。

　　如果你在我大學以前問我，我是什麼個性的人？我會回答你：開朗、樂觀、陽光，其實我也找不到其他的形容詞，就算絞盡腦汁再找，頂多也只是找相類似的形容詞。可是如果你現在問我，我是什麼個性的人？我可能一時半刻回答不了，現在的我，既正向又悲觀、陽光卻陰暗、任性又隨和……這些自相矛盾的形容加加總總，我已經沒辦法用任何單一且明確的形容詞來說自己，這同時也說明了，透過戲劇，我更赤裸的面對自己的黑暗面，也真正直視自己也不過是同時具有人性複雜、多種面向的一個人。

　　「如果你想成為一位演員，從現在開始『想』生活。」這是我一位大學學長告訴我的。

　　那一年我大三，我演了一齣劇；是一位學長為了圓自己的夢，也說了不以拚獎為目的而製作的一齣歌舞劇，在我們學校的實驗劇展中發表；那是我們系上的傳統，每年寒假都會舉辦實驗劇展，從企畫開始角逐，最終會決定8件作品製作成劇，同時會邀請業界老師擔任評審，從8齣戲中選出傑出表現的各個獎項予以榮耀。

很幸運的，在那年，我拿到了最佳女配角獎！

那是我的第一個戲劇肯定。

頒獎典禮後，我坐在場外的花圃，學長走過來，問我是不是喜歡演戲，是不是以後都想要當演員？我回答是。

他告訴我：「那從現在開始，你就要想生活，『想』不是『享』，反正不論什麼事，你就『想』就對了。」

當時的我並不是很明白，這句話對我的影響有多深遠，但「想」生活，的確，給了我認識自我的深度，給了我戲劇的養分。

準備，也是一種考驗！

雖然說我不是學霸，但為了避免自己被揍，我還是會認真準備考試。考試是一個問題一個答案，沒有誤差、也沒有灰色地帶；你會，就考高分；不會，就是不及格，所以我只要背熟課本，準備好考試範圍，成績總不會差到哪裡去。

出了社會面對工作，這個準備，怎麼跟從小到大學的考試不一樣，準備再好也不見得會得高分，難道說，我們以為的準備也不會是真正的準備？

在我大學要畢業的那幾年，正好流行紙片人，每一位當時的女神天后以及新星歌手都要40公斤上下，有的還標榜要38公斤。即將要步入社會、決定挑戰演藝圈的我呢，也曾發奮圖強的瘦身。

我最瘦的時候，大概只剩40公斤吧，我當時的朋友還叫我貢丸小姐，一枝竹籤插著一顆圓滾滾的貢丸臉的意思。

　　那時候的我把市面上你所想的所看到的聽到的減肥方法都試了一遍，甚至誇張到催吐，還因為熱量過低，導致一天最多只能睡2小時；後來才知道原來睡覺也是需要熱量來消耗，一味的降低熱量攝取是會影響生活健康的。但那時的我只很想問，我已經瘦了這麼多，為什麼機會還是不來？

　　生命永遠不會告訴我的它的schedule

　　除了等待還是等待。

　　用盡所有勇氣與力氣等待。

　　我不太清楚歲月真正想表達的是什麼，

　　但它帶來了很多智慧

　　也帶走了我的膠原蛋白（欸）

P.S.但至少我現在不會亂減肥，
畢竟我連貢丸的資格都沒有了。

（請把我的膠原蛋白還給我謝謝XD）

朋友的狗狗飛飛治好我

從小到大的怕毛小孩症頭

我從來不會用勇敢來形容自己，我只是很任性而已。

10年，聽起來很久，但，也就這麼過去了。

因為我是從很早很早以前就決定做這個行業，所以我用盡所有的追求。一轉眼，就十年了。

有一天，我和我大學同學、也是我的好閨密Patty聊天，突然她跟我說：「你好勇敢！」我不太懂她的意思，她告訴我說因為我堅持到現在，不像她迫於生活壓力，沒有辦法過這樣的生活──為了夢想，選擇了堅持，「選擇堅持是需要很大的勇氣的。」她說。

聽了之後，我空白了一會兒，說實在我還是不太明白，我從來不會用勇敢來形容自己，我只是很任性而已。

現在回頭看看，為了這份工作，我已經堅持了10年，從我遇到的第一家經紀公司開始算──高中畢業的時候，因為參加廣告比賽，有緣成為君怡工作室的儲備藝人；我還記得每週的電影心得報告、常常利用課餘時跟著公司大大小小的事情、看著師兄演了一部電視劇爆紅、看著師姊走上金鐘紅毯，感覺自己周遭充滿著希望，我只要努力的跟著學，我一定可以把握最青春的年華綻放我的光芒。

不管是期待還是等待，都是待著；待在這裡，原地不動。

有人跟我說過一種理論；也許你今生要走的路是已經安排好的，而且是你自己為自己安排好的路。

　　畢業後我立刻進入了我的第一間正式簽約的經紀公司鴻言娛樂，我每週都要上兩堂肢體課、一堂唱歌課，而我也努力學習化妝、準備試鏡。

　　如果剛剛上面的理論是真的，那我不知道我為什麼會出現這樣的道路──一路上都遇到很不錯的公司，但是有的被惡意虧空，有的又是明明目標一致但是想通往終點的過程中想繞不一樣的路──這跟畢業一樣可怕，與熟悉的工作夥伴分開就像是跟戀人分手一樣。每次的分別，自己又獨自一個人回到孤獨的道路上。

　　每個時期的我都對當時的期許充滿願景，我踏出的每一步都是期待，卻也只是等待，畢業後一年。剩我自己一個人站在這，並且花光了積蓄。

　　我不是一個擅長分離的人

　　不要表現得太親密，
　　不然分離的時候
　　會顯得過去很虛假。

　　人是必須適應來來去去，
　　大人們的雲淡風輕，
　　現在的我也懂了。

只要還沒有停止努力，就還不算輸。

堅持不一定會有結果，
但是不堅持就不可能有結果。

即使到現在我還是想為自己堅持著理想，

我不知道我這樣的

堅持會得到什麼，

但是我知道如果我現在就放棄，
我就什麼都沒有了，
那就繼續吧！

機會是給準備好的人！如果還沒有機會，那只是因為你還沒有準備好。

我想，改變我最多的，莫過於我做幕後工作的時候吧，讓我真正正視，我之前的抑鬱都是很無謂的。

我自認為，不管是在學習技巧以及配合度，都很積極、努力，甚至還瘋狂減肥只為了讓自己能更上鏡頭，可是我做了這麼多努力，為什麼上天總是沒給我一個好的機會？我只能一直一直不斷的「挫折、自我復原，接著再面對挫折，再自我療傷」，這樣無限循環、等待機會的人生。

因緣際會下，我進入了戲劇劇組且成為一名幕後工作人員，我所負責的職位是幫助導演找尋到適合這個角色的演員。

這時一定有很多人會覺得，那不正好，你就自薦就好了呀！可是天生臉皮薄的我，始終沒勇氣，不敢向導演表明。

　　就麼兩三年過去了，終於有人看不過去了。有一天製作人偷偷來找我，他說：「我們都知道你想演戲，但是你自己沒有試鏡帶給導演看，我們也不知道該怎麼幫你啊！」

　　當他這麼說時，我心裡想：「對啊！大家都這麼幫我了，就只差我自己不肯跨出最後一步！」於是，就在那一天大家下班後，辦公室只剩下我一個人的時候，我架好錄影機，自己給自己錄了一段試戲的片段。

　　但最後，那檔戲裡，我仍舊只是一個幕後工作人員。我做好

自己的工作，沒有怨言，因為我根本沒有把我自己的試鏡帶送出去！你們一定會問為什麼咧？

　　錄完自己試鏡的影像之後，我回放檢查自己的試鏡帶，看看是否有需要修正的地方，怎麼知道，就在我點開我的試鏡帶一看，我心中大罵了一句：「我怎麼演這麼爛！」

　　那一晚我關掉我的手提電腦，心想還是先把手上的工作做好，我清楚的知道，我距離演戲還有一大段路要走。

　　在那之後我開始回想過去的種種，過去我說我付出了多少只為等待機會，可是我從沒真正了解自己的能力有多少，現在想想，如果當時的我很幸運的接到了角色，以我當時的能力來說，應該是很快就搞砸吧！(汗)

　　雖然清楚的認知自己的程度有落差，但我依然不想放棄，之後每一次的臨演機會，我都當成是磨練自己的功課，用心去感受、去體會所謂的演戲，試著掌控自己表演的力度，學著如何恰如其分的扮演一個角色，雖然說我現在也還有很多要去學，但是至少我知道，與其怨嘆自己的機會還沒來臨，更應該問問自己：「真的準備好了嗎？」

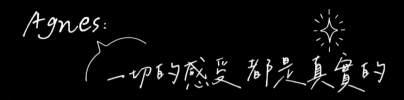

Agnes:
一切的感受 都是真實的

也許現在還不能完全了解為什麼是這樣的安排，
我沒有要說你會知道的，
而是，你會給自己一個舒服的解釋的，
因為這條路，是你自己選的，也只有你自己，
才能真正的接受。
擁抱所有來時歷程，擁抱你自己。

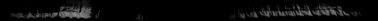

如果還不清楚夢想在哪也用不急著慌張，

總有一天會知道的。

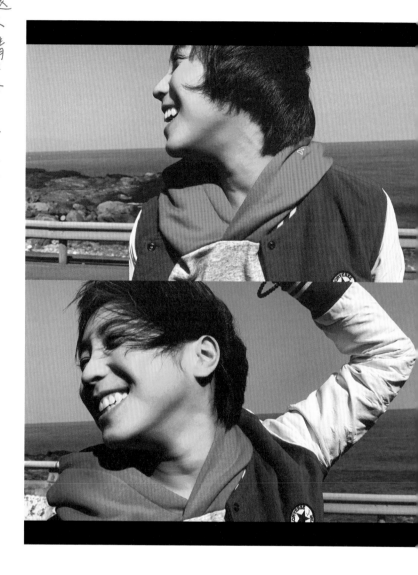

PART ONE
☆我是一隻小小鳥

有一次當我跟我弟弟在聊天的時候他講出了一句話讓我整個驚訝到，他說：「我不像姊姊，你很清楚自己想要做什麼，然後就下定決心一定要做到！」

是啊，比起很多人，我很早就知道自己想做什麼，也很幸運的清楚知道想要什麼，一直朝著一個目標往前邁進，也因為有這個目標讓我無所畏懼。但對那些還沒找到夢想在哪的人，該怎麼辦呢？

記得有一次接到一個工作，要專訪一位傳福音的修女，我問她為什麼會立志做修女？她說她就覺得這是她命定要做的事。我問她為什麼有那一種我一定要做的感覺？她也說不上來，但她就是知道要做。

比起修女，我沒有那種絕對的使命感，我只是在眾多的生涯規畫中，選了一個我比較喜歡的事情。曾經我也問過自己，為什麼想做藝人？是因為喜歡被關注嗎？還是因為需要掌聲？還是留戀名利？不，愈大愈清楚，這都不是我要的，我只是任性的只想做我喜歡的事去過生活而已。也許打從一開始，我就是選我喜歡的事，而不是使命感，所以我才沒有像修女這麼強烈的意念吧！

所謂的夢想，應該就只是心之所嚮往的生活，就算現在不知道，只要認真過生活，就能感受出自己想要的生活是什麼！只要有興趣就去嘗試，試過之後不喜歡，再換就好了。如果有一件事是你去觸碰了之後，不管發生什麼事情你都不想放棄，那我想，你就找到你心嚮住的——夢想了！

我遇過一個人，他對我來說是成熟、聰明、有想法、有執行力的一個人，他告訴我，當他決定要做一件事情的時候，就會全力以赴。原本他是在國際貿易企業上班，薪水也是人人稱羨的，但在他工作了幾年之後發現，這不是他要的生活，他毅然決然捨棄了這個工作，轉職做一名教練；就只因為他喜歡滑雪。曾經，他也是一個月領高薪、有生活品質的上班族，但是隨著經歷的事情愈來愈多，當自己靜下來時好好的問問自己，這樣的生活真的是自己的夢想嗎？還是這是社會建構給自己的夢想呢？到現在他沒有後悔，他也在教練的工作領域做出屬於自己的成績。

　　我很為他高興、也很支持他的任何決定。人生總歸來說是自己的，想做什麼就努力去實踐，你不去找夢想，夢想也會來找你的。

放手去做，是你對自己的寬容。★

Sweet Memory

這是我曾經最得意的作品……。
希望你們不要有這麼一個
愛創作的姊姊。

三兄妹穿一樣的T恤是我今年最滿意的作品♡

PART TWO

哥哥爸爸媽媽✧
真偉大✧

很愛管、很愛吐槽，
卻又是全力支持的愛。
♡

真正的溫暖不會是時時刻刻，而是在你需要的時候。

「世界上最偉大的生物，應該就是哥哥了吧。」

這句話是我一位好朋友林逸欣跟我說的，可能因為他跟哥哥的感情很好所以他會這樣說。

我跟我哥哥從小就不是太合。看電視的時候，我哥哥會叫我幫他拿無敵鐵金剛，他說我不去他就會揍我；每次吃奶奶愛做的醬炒蝦，也是都讓哥哥先淋醬有剩我才能舀來拌飯；其實我也很想吃啊，但我也什麼都不能說。

我哥哥也最討厭我了，因為我把他的小叮噹漫畫當成著色本塗上顏色。

記得小時候我很皮，會拿著蠟筆畫牆壁，然後我爸就會很生氣，要我捏著耳朵罰站，然後痛扁我哥一頓，可是我哥根本沒有畫，只因為我爸爸覺得哥哥沒有帶好妹妹。還有一次，我騎著腳踏車從小山坡上滾下來，我哥被打，爸爸說雖然不是哥哥帶著我騎，但因為他沒有看好妹妹，所以哥哥又被痛扁了一頓。

　　我們的恩恩怨怨從小累積得太多，我不只偷他的存錢筒的錢去買卡片、貼紙，還會把他的玩具機器人拿去學校園遊會賣掉。

　　可能是他覺得我很煩吧，記得念小學的時候，他要我在學校不要跟別人說我是他妹妹。放學後，我們都會去菜市場的補習班上課、寫作業，但我們從來都不一起走回家，也不會一起走去補習班，兩個人根本是形同陌路，所以我以為他很討厭我。

　　有一次我發燒，補習班老師讓我在玩具間休息，我躺在兒童小睡袋裡睡覺，一到補習班休息時間就會有好多小朋友跑進休息間玩，其實我已經被吵醒了，但我還是躺在睡袋裡不想起來，迷迷糊糊之間我清楚的記得，當時我瞇著眼睛看到我哥哥衝進休息間說：「我妹妹身體不舒服在休息，你們不要吵她，你們去別的地方玩。」我想我這輩子永遠都會記得那個畫面。

　　但我們兩個還是不大說話，大概是上大學之後，我跟我哥哥才開始比較有話聊，記得我們話題的開頭竟然是因為一位我大學同班同學、也是我小時候補習班的同學，是我哥哥小時候在補習班最常欺負的對象。再加上我哥有一年住校而他的學校遠在新竹，平常很難得碰頭，所以一聚在一起就開聊，也有很多事情可以聊。

也是從大學開始，我默默的發現我在學校的所有舞台劇演出，我哥哥都會把時間空下跟我爸爸媽媽一起來看。進了演藝圈後，只要是我的活動，在不影響自己工作的班表之餘，哥哥都會擠出時間參加，不管我上什麼節目、拍什麼戲，他會記得很清楚，坐在家裡準時收看。

　　有的時候我會想，不知道我哥哥第一眼見到我的時候是什麼樣的感覺？

「你知道你第一眼見到我就表示我這一輩子都會是你妹妹，是你要牽掛一輩子的妹妹嗎？」

Sweet Memory

凡事先想想值得珍惜的地方，
想著想著就不明白還有什麼事情值得爭吵。

P.S.我媽說我們小時候她最喜歡叫哥哥牽著我的手，
雖然我哥都很不情願。

長大之後最幸福的，莫過於懂得珍惜讓你任性的人。

我想任性也是一種幸福的表現吧，但是長大之後就知道不能再任性了。

負責任我不怕，沒有零用錢也沒關係，如果我可以照顧我爸媽那更好。我想要長大，但是我討厭懂事後的自己。

記得有一次我腸胃不舒服，看了醫生之後醫生說過兩週後要回診，但是回診當天，是我忙了好久好久終於難得可以休息一天，那天我只好想睡覺，好好睡個飽。

我想陪你一起看過所有的風景
我想帶你一起吃遍所有的美食

我想告訴全世界
我擁有一個最棒的爸爸

出門時間要到了，媽媽催促著我趕快起來，我告訴媽媽我不想去，可媽媽還是覺得去一下，看一下再回來睡就好，她還主動幫我打了電話延後時間。我賴著床慢慢起來刷牙，快要壓線出門了，媽媽急著來敲門問我好了沒？我因為沒睡飽一肚子怨念又被催促，很不耐煩的回：「還沒啦！」我媽媽整個大暴走，很生氣的對我說：「處理事情不是這樣的！」然後氣沖沖出門忙她的事了，那時我卻心想：到底是怎樣？幹嘛凶我？我本來就說我不想去啊！

而我爸爸仍在客廳等我，準備載我去醫院。

　　一上車爸爸說：「我盡量趕但應該來不及。」

　　後面的車程中，車上氣氛略顯得尷尬。突然爸爸微帶嚴肅的說：「你們都大了，很多事情要自己好好想想。」

　　我心中的怒氣也沒全消，心想：啊今天是怎樣，不過就是不想回診想好好放假睡個覺，你們又不是不知道我這陣子累到不行，堅持要我去又要生我氣，到底是怎樣？然而我也只是在內心嘟囔，並沒有回嘴。

　　就在預約的時間快到的時候，我們還沒抵達，爸爸的手機響了（連接車上的話筒）是醫院打來，喇叭傳出護士小姐的聲音：「請問你們要到了嗎？」我爸爸語氣突然變得很客氣、很抱歉的連聲說：「不好意思不好意思，我們轉個彎就到了。」

　　我爸爸沒有多念我、也沒有表示什麼，車上回到剛剛略微尷尬的氛圍，但是在我的心中早已掀起波瀾了——

　　原來我的人生都是我爸爸媽媽在幫我這樣瞻前顧後的啊！在那一瞬間我不想再堅持什麼，乖乖的看完醫生，然後告訴他們我身體很健康，請不要擔心。

　　即使到現在我也不覺得我很累不想去是有多嚴重，我也不會在乎這個醫師有多難預約，就算再重來一次，我可能還是會選擇想要休息。我討厭長大並不是因為知道我自己有多麼任性，而是因為我知道自己讓我爸爸媽媽幫我擦屁股感到很羞愧，我討厭這樣的自己。

Sweet
Memory

這是我跟爸爸第一次單獨出國是為了出去走走

爸爸說他想去新疆,因為高海拔的地方

可能他以後年紀大了體力沒那麼好不知道能不能負荷,

於是我二話不說就決定陪著爸爸一起去。

天底下沒有什麼比能夠陪伴爸爸做想做的事更令人雀躍的了。

這也是鮮少能跟與爸爸一起合照的照片

(通常都是他在拍我

跟各位介紹世界上最偉大的男人

從小到大，媽媽最在意的就是我們要穿什麼回外婆家，衣服不能皺、衣領不能鬆、顏色不能暗、頭髮不能亂、鞋子不能髒等等……，所以大年初二她一早就要起床開始準備出門。

我媽媽說，她希望她的媽媽覺得她一切都過得很好。

當一個女人奉獻出了她的青春，把她最菁華的歲月給了老公、給了家庭，過了幾年，腰也粗了，皺紋也多了，生活也不再像以前在家中當小姐了，不能亂發脾氣、不能任性、不能倔強，為了家庭學會圓融、懂得妥協。她為了你，放棄了自己的生活、自己的習慣，也改了自己的脾氣，那就是真愛了吧！

如果有個人為了你捨棄了自己的人生，那是因為他太愛你了！

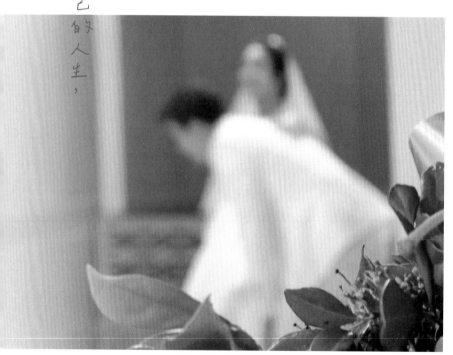

PART TWO
哥哥爸爸媽媽真偉大

我記得我從很小很小的時候就開始參加安親班，不是因為媽媽不想我們輸給其他人，而是因為她希望我們不論如何都好好的長大，至少在她工作分身乏術之餘，我們課業最基本能夠不要有赤字。

記得我媽媽跟我說，她在我們念書的時候（我們家有三個小孩），她一個月能夠留在自己身上零花的錢，只有2000塊，以當時她在職場上的薪水，2000塊大概是她收入的四十或五十分之一吧，而且這比我的零用錢還要少，但是我從來沒有聽過她抱怨，反而聽到她很自責在我們小時候不能好好陪伴、教導我們。

我有時會想，一個月2000塊連基本的三餐伙食都很吃緊了，更何況有時如果我想跟同學出去玩，想買最流行的衣服飾品呢？

媽媽每次敘述我們小時候，臉上總是帶著一種幸福的微笑，說小時候我跟哥哥都爭寵要媽媽陪，今天抱一個另一個就會吃醋，最後只能一手抱一個，她說連覺都沒辦法好好的睡呢！聽起來滿是辛勞的話，在我媽媽講出口的時候卻帶著一種溫暖的驕傲。

在我少之又少的年幼記憶中，我最清楚的畫面就是我媽媽一手牽著我哥哥、一手牽著我，三個人並排走在路上搖搖晃晃，緩步的走去吃消夜；屬於我小時候記憶中的消夜就在老家的十字路口騎樓下，我永遠記得我堅持要吃魷魚羹冬粉，不是魷魚不行唷！魚酥肉羹都不要！但是小朋友的我根本咬不動魷魚，所以都是我媽媽幫我把魷魚吃掉。

我的媽媽，她是一位導播，曾任職於公共電視，製作過的兒童節目數不勝數，在職場上獲得很多同事的讚許，並且拿下兒童

金鐘獎項，她不追求萬人崇拜，不渴望名留青史，對我來說，她只是一位希望自己的小孩永遠開心快樂的媽媽。

記得有一次在餐廳，我被其他桌吵鬧的小朋友吵得心煩意亂，我問我媽媽：「我們小時候也會這樣吵鬧嗎？你都怎麼讓我們安靜呢？為什麼我都沒什麼印象？」

我媽媽小小聲的跟我說：「我不會讓你們這個樣子的！」

我充滿好奇，所以是我爸爸媽媽對這些禮儀很嚴厲的要求嗎？

「不是。」我媽媽說當她發現我們吃飽了，開始要坐不住了，就會主動帶我們去外面繞兩圈。

想來也是，我最記得小時候去叔叔的餐廳吃飯的時候，最後一定會去隔壁的書店逛逛或是到7-11東摸摸西看看，那時候只是單純知道可以去看玩具，根本不知道原來這舉動後面的寓意這麼深厚，不是因為獎勵我們吃完飯，也不是因為講好的行程，而是我媽媽她懂小朋友，不會勉強小朋友要跟大人一樣懂事，一樣可以跟長輩們聊東聊西，而是轉移我們的焦點，帶我們出去晃晃。而她的那一餐，我也不知道她到底有沒有吃飽，就帶著我們出去散步走路了。

在成長的過程中，我們懂了我們未來想要的生活，我們對於我們的生活起居有了很多的想法，也許爸爸媽媽的觀念老舊了，也許我們急著想要自由跟自己的空間，仔細想想，難道媽媽不想要嗎？

媽媽也在外婆家長大，有一天她也會有她想要的自由、想要自己的生活步調，而當她付出了全部，建構自己想要的家庭生活，迎接而來的是每個孩子不同的個性和習慣，因為我們長大了多了很多自己的意見——減肥的時候我不吃澱粉，上班的時候我必須晚歸，週末的時候我們都要賴床到中午才起床，也許唸過、嘮叨過，但是看著我們念書沒睡好，或是工作很緊繃……媽媽調整了自己的作為，只為了讓我們能充分休息；早餐等我們起床再來煮、再來買，有人不想吃澱粉那就菜跟肉多煮一點……

　　這就是一種疼愛、一種退讓，甚至是跟自己生活做一個妥協，有一天她老了、累了，走路走多了會喘了，也不奢望我們一定要背著他們走，只希望在紛紛擾擾的社會，我們可以平安順心，過得開心快樂。

　　比起他們對我的愛，我任性、頑固得多，我為了我的人生、為了我的夢想，我堅持要恣意妄為，即使他們陪著我吃苦，心疼我的坎坷，但我仍然自私的走下去，但只要我能夠露出笑容，他們再委屈、再辛苦也一筆勾銷了。

　　想想自己的脾氣，再想想他們承受了多少，就能知道他們有多愛你了。

　　以前媽媽不厭其煩的教我1234、ㄅㄆㄇ，現在讓我們陪著媽媽一起學電腦用手機，這道理我慢慢才懂她的付出有多偉大。沒關係，只要有領悟，都還來得及！

Sweet Memory

每一次看到媽媽以前的照片的時候，我都很想問她：「妳有想過有一天妳會變成現在這個樣子嗎?」又或是，「妳有想過妳未來的兒女是像我現在這個樣子嗎?」

也許有一天，
我也會從少女(咦?)變成人妻
然後從人妻變成一位媽媽，
付出了下半輩子，為了愛。
♡

如果要我說一位我的偶像，那我想那就是我媽媽吧。愛一個人不難，但是要愛到無怨無悔，愛到不求回報，那才是真正愛的真諦——只希望妳能快樂，我想我自己都不知道我能夠為了愛而做了多少。

P.S.後面那位就是我的奶奶，陪著我長大的我的奶奶。

希望我最愛的媽媽青春永駐，健康快樂！

而我也只是希望你快樂的女兒（只是我同時有在追求我

的夢想，只是我的夢想必須得要萬人崇拜才能達成；這

部分等未來有機會，我再好好解釋；或是可以敲碗出

版社再出一本（賊笑））

任性的寵自己、
喜歡自己！
♡

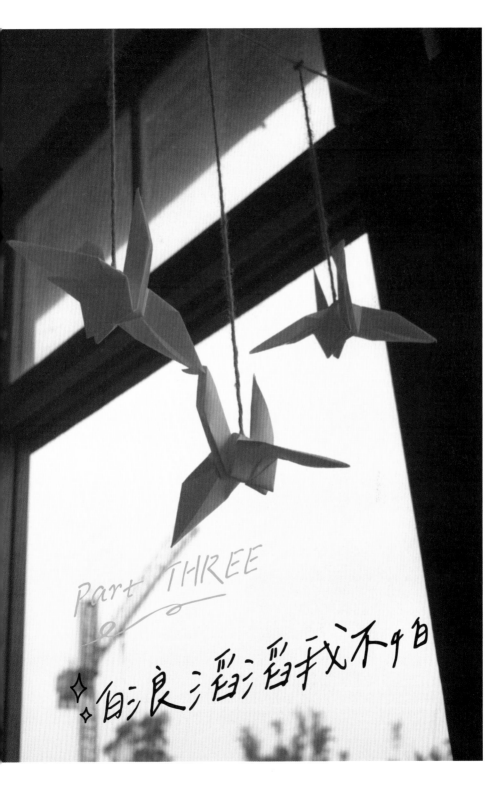

Part THREE

✧自 良 滔 滔 我 不 怕

曾經受過的傷，只要自己願意放下，那些疤痕就不會再裂開。

小時候我爸爸媽媽對我說過一句話，讓我很受傷。

在我很小的時候，通訊沒有那麼發達，資訊也沒有那麼公開透明，很多人對於演藝圈的認知都是一知半解，甚至有很多人認為，這個行業不太算一個正式的職業，但對年幼的我來說，我不過是一個想追夢的孩子，在追夢的路上，我還是得先徵求家人的同意，於是我跟我爸爸媽媽說：「爸爸媽媽，我長大可以當明星嗎？」結果我媽竟然回我：「我們不會幫你唷！」

我想都沒想過會獲得這樣的回應。

楞了一秒，我雖然沒有反駁，但我卻在心裡告訴我自己：「有什麼了不起，我又不是來求你，我自己的夢想本來就要自己追啊！我只是來告訴你，我想要的未來，我根本沒有想從你們身上得到什麼。」當時我甚至忘了我爸爸媽媽算是半個相關行業的人。

感覺起來我的個性很倔強，但我心裡其實還是很受傷，覺得爸爸媽媽為什麼是這樣看我的？覺得我有求於他們？我還記得當時我逼自己釋懷的一句話是：「世界上本來就沒有誰應該要幫助誰的道理。」簡單來說，靠自己最實在，我爸爸媽媽本來就沒有義務要幫助我，更何況我才不是那種哭天喊地的媽寶。

此後，這個夢想我只能先把它收起來放心中，沒再拿出來說過。在求學過程中，與表演相關比賽的，都是我自己上網找資料、準備錄影帶、錄音檔、自己寄出、自己搞定一切的！我對於自己努力追夢的行為，非常自豪。

在我國中的時候，我不太會打扮，穿著也土土的；有一次我爸爸在看電視時，剛好林青霞出現了，他讚嘆的說，這種天生美女就是老天賞飯吃，他轉過頭來看看我，說：「人家長這樣才能成為巨星啊！你這樣你也想當明星噢?!」

這句話深深的刺進了我的心，久久不能忘懷。

我覺得我的家人對我這個夢想都是在笑我，甚至連我哥哥每次在我洗澡唱歌的時候，都會叫我弟來敲門說：「姊姊你唱歌好難聽，可不可以不要再唱了？」氣得我唱得更大聲，就算唱到喉嚨沙啞了我也不會停下來！

我的個性就是這麼不服輸！你們都看不起我，但是我一定會做給你們看，我會成為一個明星的！小小的我，對自己這麼說著。

時隔很久，當有一個深夜全家聚在一起聊往事的時候，我告訴他們我小時候的陰影，結果，他們竟然沒有一個人承認自己說過這些話、做過這些事。我哥說：「我怎麼可能會覺得你唱歌難聽?!」我媽媽說：「我怎麼可能對你說這種話？」

對我來說，要不是我想面對自己小時候的陰影，我也不會跟家人揭自己的舊傷疤啊！但也因為太受傷了，才讓我執念這麼深，更加的渴望站上舞台。

大學畢業後，我真的就為了賭一口氣，決定自己去闖天下！所以我很多事情都不會跟家裡的人說，我希望他們直接看到成功的我出現在他們面前。

但是，這個機會我等了好久好久，在這期間我痛苦、無奈，生活出了問題，心理生病了，這些種種我的家人都概括承受，沒有人棄我於不顧，總是陪在我的身邊，他們讓我知道，在這個世界上有個家，會有個房間是永遠為我而準備的。

我爸爸媽媽深怕我吃不飽穿不暖，把我愛吃的東西全部買齊了；我媽媽知道我出入必須使用悠遊卡，只要一有機會就會幫我直接加值1000塊，對那時候的我來說，這1000塊根本是救命錢，我在外面沒有錢吃飯就靠這一張卡在便利商店買兩顆茶葉蛋果腹；即使到我25、26歲，過年前我媽媽還是帶著我去買新衣服，因為她知道我身上沒有多餘的錢添購任何東西了，她能做的就是找任何藉口來滿足我的需求，她不會明講，就是默默的付出。

我的爸爸從來都沒有跟我要求過任何事情，甚至為了讓我有收入還帶著我去接案子，最大牌的攝影助理大概就是我了吧！平常跟家人出去買東西，爸爸他連生活用品都不讓我提，我最常提的重物是衛生紙，更不用說跟爸爸一起接攝影的案子時，什麼攝影器材、重物他都捨不得讓我搬，只丟了一臺相機給我說：「你自己喜歡怎麼拍就怎麼拍。」讓我偶爾賺賺零用錢。

　　我的哥哥跟弟弟知道我工作壓力比較大，他們幫我分擔掉所有的家事。

　　日常的種種還不夠證明他們有多愛我、多支持我嗎？又何必糾結在小時候的幾句玩笑話，如果我把自己困在這個牢籠裡，我就永遠體會不到這樣的幸福感，更不會去珍惜家人的這份疼惜。

　　對現在的我來說，最自豪的一件事就是，我有一個最挺我的家庭！不論我做什麼，只要我過得順利、開心，他們就會為我喝采，永遠會為我的演出而驕傲！

　　謝謝你們，我的家人，你們也是我這輩子最大的驕傲！

Sweet
Memory

傻傻的還帶著牙套又滿臉痘子的青春期

誰沒青春過呢！

（我已經找盡量沒那麼傻的照片了……）

Happy Birthday to me

謝謝我的誕生

我很感謝

如果我活得很開心，如果我活得很健康，

我知道在這個世界上，有人會因此而開心，

Happy Birthday to me。

為了我的爸媽，我必須過得很好。

為了正在等我的人，我也會過得很好。

生命中的風景一不注意就會跑掉，
但你錯過的是這麼美的一幅畫啊！
凡事學會看美好的地方，
不要鎖在自己認為的牛角尖裡。

往後站一點，休就知道休正走在休的道路上。

當人們缺乏自信的時候，自然而然會聚焦在自己容易失誤和我們害怕的地方，稍微一點點變動，就緊張是不是做錯了？

閉上眼，休息三秒鐘……
再張開眼，往後站一步……

事情並不嚴重、也不可怕，甚至我們正在前進呢！

生活亦如是，如果我們把心力都聚焦在日常跟工作的煩惱上，我們就會忘了最容易讓自己快樂的事情，忘記了，其實生活很簡單。

長大要面對的問題雖然很多，但是一天總共有24小時，而一年總共有365天，學習利用時間去找回長大後生活的快樂與平衡，休息沉澱能讓自己不被焦慮和煩躁蒙騙了思緒。人生是自己的，喜歡不喜歡，美與醜，優與劣，自己決定就好，做得不好也無所謂，想做就去做吧！

從小我就喜歡畫畫，小學的時候很喜歡跟同學模仿畫漫畫，雖然我不是畫得最好，但是我還是很快樂的畫著。那時我很羨慕隔壁班一位男同學，他畫作的線條又流暢又柔美，把漫畫裡的那些角色仿畫得唯妙唯肖。

到了國中，我喜歡布置教室，畫了很多美工圖案，在教室後面的布告欄上剪剪貼貼，但我知道我們班有個男同學，他是位天生畫家，不論使用何種工具，他都可以輕鬆畫出心中想要的圖案。

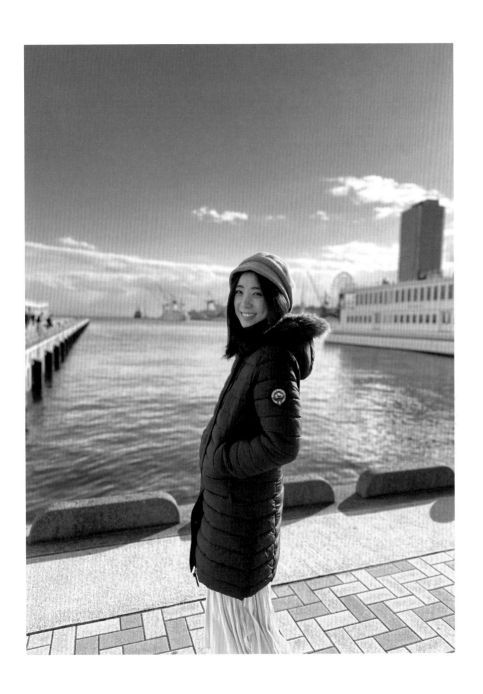

到高中的時候，我認識了我這一生中不能缺少的摯友。我們是在布置教室的時候認識的，每天放學後花一個小時在教室後面剪剪貼貼，也在剪貼的過程中，培養出很濃厚的友誼。

　　我歸類她是位藝術家，她爸爸也是位藝術家，對我來說，她不只是畫什麼像什麼，更重要的是她那充滿個人特色的畫作，是最教我佩服的，但也是那時候讓我知道天才與興趣的差異，老實說也是因為這樣，我再也不敢提筆畫畫，因為我知道，不論怎麼畫都無法達到像她那樣的等級。

　　直到出了社會之後，日復一日在庸庸擾擾的生活中喘息，我被壓力跟責任給逼得無法呼吸，總覺得每天好像都有做不完的工作，那陣子的我，活得非常沒有靈魂。但我不想這樣，我想要活出我自己！

　　戲劇上，我仍然繼續努力，但是我想著自己還有什麼興趣呢？

　　我想起了小時候很愛畫畫，是啊！我的興趣是畫畫啊！就算畫得不好、技不如人，但那也是我的興趣啊！這麼一想，腦中便一直浮出「畫吧畫吧」這樣的字眼。

　　那時候我才知道，每個人都有天生的才華，只是顯現在不同的地方，根本不可能、也沒必要每一項都得到人人稱讚。如果說我只是怕丟臉就不畫畫了，是我自己扼殺了我的興趣！

　　沒錯！我要畫！即使畫得不好也無所謂，我的畫我自己懂就好，我的興趣與其他人無關！

只是這時候的我太久沒有拿筆，我坐在桌前拿出一張紙跟筆，我完全沒有想到要畫什麼，甚至不知道我會畫什麼。正當我手足無措的時候，無意間在臉書上看到國中那位天才畫家同學已經開班授課了，而且他的課程標榜著不會畫畫也可以學！我看著前一年他送我的手繪聖誕卡，我想我們之間程度的差異，根本是地下10樓跟101頂端那根針的差距。我心想就算他教，我也畫不出來吧?!不過這些疑慮敵不過內心的渴望，我偷偷私訊他，詢問畫畫課程的內容，他再三跟我保證每個人都可以來學，在我跟他打了「我很拙」的預防針之後，我就報名他的課程了。

　　上課的時候，實際情況就真的如同我同學的再三保證一樣，他非常有耐心的教導每一個人，而且真的一筆一畫帶我們練習畫出有模有樣的畫，也是他讓我知道，原來畫畫這麼簡單。重拾畫筆這個決定，讓我找回生活的平靜。

　　上了一輪課程之後，我同學說他要去法國參展，剛好我也接到了新工作要下屏東拍戲（沒錯就是《女兵日記》），離別前我還信誓旦旦的跟他說：「等我回來，我還要上課！」誰也沒想到，這戲一拍就是好幾個月，等我回到台北沒過多久，就聽到了他離開我們的噩耗。

這不是我畫的，這是我的天才
摯友PJ的畫作
（看到這張就該自我放棄啊）（誤）

給我勇氣的同學，到了其他的地方了，
但他帶給我的勇氣我也會永遠留在心中！ ♥

在戲劇拍攝完成的殺青酒上，得知一位演員朋友也在學畫畫，我向他詢問他推薦的畫室，我手刀衝刺，隔天我就報名了老師的課程。

　　這位老師是一位很棒的老師。在課堂上，我常常天馬行空的對老師說我對這幅畫的想像，老師也是非常有耐心，帶著我一點一滴完成我心目中的作品。

　　我畫畫的時候，最怕的就是下筆，因為我很擔心一下筆就畫錯了，或是搞砸了這整幅畫，有好幾次我在點畫或是暈染的時候，看到老師就一直跟老師說：「老師我毀了它。」但老師的那句：「沒事，你還在你的道路上。」總讓我很安心。

　　我坐在離畫布很近的距離，因為整幅畫作還沒有畫完，所以這些筆觸就怎麼看怎麼覺得哪裡不對，但是老師總是要我站遠一點看，要我站到可以一眼看盡整幅畫的距離，這時我才鬆了一口

氣，有的時候竟然覺得自己畫得滿不錯的，滿滿意的！

就在那一刻，我懂了！人生有很多的關卡，因為距離太近，所以我們只看到我們所害怕的問題。

首先要知道，問題並不是問題，它代表的是我們正一步一步向前，就像油畫一樣，一層一層的堆疊畫上去，事情也可以這樣，一點一滴慢慢的處理跟解決；把這些細節慢慢畫清楚，一小部分一小部分慢慢累積，才會成就整張畫布，我們的人生最終也都會是值得喝采的藍圖。

當我們覺得很煩躁的時候，休息一下，閉上眼睛一會兒，再度睜開的時候，就是嶄新的開始。

我們容易因為緊張而讓大腦無止境的打結，稍微的休息，可以讓它先沉澱、冷靜一下。

沒有什麼事情是解決不了的，
只是我們太害怕而已，
給自己一點時間，
會畫出屬於自己人生最美的畫作的！

我們都必須成為更好的自己，才能讓自己與周遭更美好。

生活方式只是一種認定，如果我認定我想過什麼樣的生活，這種習慣就會自然而然的產生。不要仰賴別人使自己更好，而是盡力的變成心中想要的樣子。

常常會聽到一句話：「長大以後，千萬不要成為自己不喜歡的大人。」但是我想問的是，那你想成為什麼樣子呢？

我們常知道自己不想要什麼、不喜歡什麼，但是卻說不出我們要什麼、我們喜歡什麼。不要以為自己不清楚自己想要什麼，其實你的潛意識裡早有答案了。靜下來，細細觀察自己你平常的作為，很快就得出答案。

首先，你要先過好你要的生活，而不是奢求一個你想要的生活。

我們常常會羨慕所謂的單身貴族或是神仙眷侶，然後相較之下覺得自己不夠幸運，所以被生活困住。

我想如果同樣是人，他們也是要吃三餐的吧，也是要跟我們一樣，因為不知道要吃什麼而困擾吧。

也許你會期待著你會有一個命中注定來拯救你、帶你過著如同王子公主般的生活，或是有一群跟你同樣熱血憤慨的換帖之交，讓你每天都過得很充實。如果你必須把自己的生活交給別人，那請問：「你從小努力了半天想掙脫爸爸媽媽的管教，有什麼用呢？」因為你還是沒有獲得真正的自由啊！

　　我想大家也一定都有過這樣的心情，有了伴侶或摯友之後，就會認真計畫著每天要吃什麼、要去哪些沒一起去過的地方、去這裡那裡吃美食之類的吧；從天天東奔西跑約會，到一週碰面三天一起吃飯，再到週末才約，最後淪為待在房間賴著不知道要幹嘛，然後就會覺得感情是不是淡了？還是兩個人沒有火花了？接著等待著下一個激起你新生活希望的下一位出現。

　　但其實問題都不是在於是不是感情淡了、生活變無聊了呀！並不是我們要求太多唷！而是我們一心期待著別人能夠改變我們的生活，但我們是不是該自己想想，自己都把生活過得這麼無聊，為什麼別人就要帶著你過你認為不無聊的生活呢？而你又為自己努力了什麼？

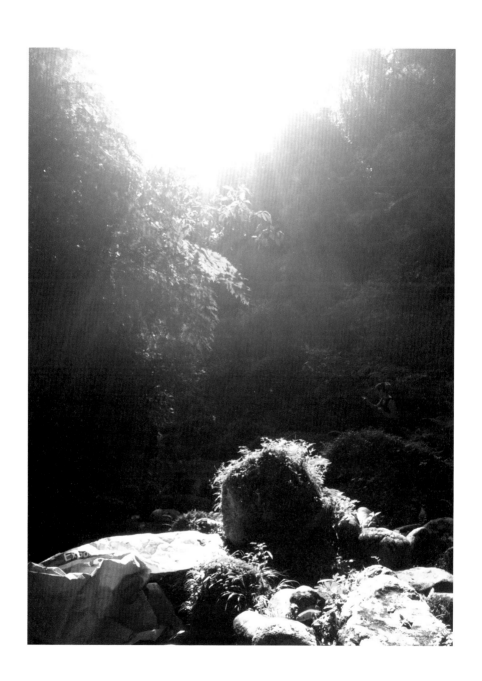

☆PART THREE
白浪滔滔我不怕

曾經，我也嚮往心中那種恣意的生活，我也會想著怎麼沒有這樣熱血的同好？怎麼沒有那個帶我飛天遁地的白馬王子？直到有一次我跟朋友吃完早午餐，在要去她家喝咖啡聊天的路上，她說先陪她去一下黃昏市場。

　　我們走到快要收攤的菜攤上，她挑了把青菜問老闆多少錢？老闆說最近這個菜比較貴，要40塊，老闆建議可以買另一種，於是她看了看旁邊的菜，又拿起了另一把青菜，付了25塊。走出黃昏市場後，她告訴我等等她男朋友下班回家（寫作這本書完成時，她的男朋友已經升級叔老公了），想下個麵燙點青菜，簡單吃晚餐。

　　看似沒有什麼特別的日常，但對我來說，卻猶如當頭棒喝，原來生活可以這麼簡單幸福，只需要好好的品味就可以達成了。好友她甘於日常，卻將日常過得不只是日常，活得有滋有味，相反的，我們的不滿、我們的不足，其實只是單純的不甘心而已。

　　不需要大魚大肉，不需要環遊世界，只要你在我的世界，就可以很美好。

　　不論你的夢想是什麼，如果你自己不去付出、不去執行，光靠別人帶領，不只步伐緩慢，甚至拉你的人也累。不要去想你要過什麼樣的生活，而是去過你想過的生活，喜歡粗茶淡飯，喜歡極致奢華都可以，但是你要先去實踐，先付出才會有收穫。

我的生活很好，我過得很好，我願意讓你們進入我的生命，我們一起很好，但如果你不願意進來，那也無妨，因為我自己就過得很好了。

我試過把自己的行程排得滿滿的，上課、聚餐、運動、出遊，每一天都紮紮實實的滿檔，我發現當你決定要這麼做的時候，就會突然發現，怎麼時間不夠用啦？想約的人、想做的事、該做的事接踵而來，看看自己的行事曆不知不覺密密麻麻的，很有成就感。

但是大概過了兩個禮拜吧，突然覺得：哎～好累唷！一想到明天要做之前安排的什麼什麼跟什麼，就覺得怎麼不能軟爛在家一整天就好啊？

沒錯，人就是這麼矛盾，然後軟爛個三天之後又會覺得自己很沒有目標，每天過著日復一日沒有意義日子，接著又開始排起行程了。

慢慢的，就在安排行程的過程當中摸索出哪一些是真心想做的，哪一些其實只是因為害怕寂寞所衍生出來的約會，再經過淘汰篩選，就會出現那個讓你最舒服的生活方式，如果能再遇到一個跟你的生活方式相像、然後相處愉快的人，大概就是最幸福的事吧！如果還沒出現，那也不用著急，因為你已經開始享受、掌控自己生活安排的人生樣貌了，不需要遷就他人，好好享受這樣的日子吧！

Sweet Memory

沒什麼，就是學會禮遇、寬容任性的自己。
但是，切記守法跟不傷害他人！
你要是這樣走在新加坡的路上，我也救不了你^^

......新加坡不能吃口香糖啊！

「種瓜得瓜，種豆得豆。」
這不用我再說了吧！
但是別傻傻的把存摺拿去種，
因為腐鏽掉還要再辦一本很麻煩的^^

珍惜、擁有都來不及了，就別浪費時間怨天尤人了！

想必很多人都會想：為什麼那個中樂透的不是我？為什麼坐隔壁同學家裡可以買最新的電動、用最新的手機？又或是，為什麼那個誰誰誰可以是富二代呢？不愁吃穿，然很讓人嚮往，我在追夢的過程不免也會有這樣的想法：如果我是世界絕世美女的長相，是不是就不用東跑試鏡西跑甄選了？

比我幸運的人多得是，比我更富裕的人，那更數不清了，但我反而慶幸自己，擁有那個看似平庸卻很幸福的人生。如果我睜開眼睛，就必須為了三餐而煩惱；如果我出生就開始擔心，我該怎麼活下去；如果我出生在一個水深火熱的環境下，那連夢想根本連提都甭提了。

藝術是最無價的奢侈品，要在行有餘力、生活無虞的狀況下，才能盡情的揮灑才華。我在我26歲的某一天，起床時突然感動得想哭，我還可以活在世界上自由自在的追逐夢想，我還可以做我自己想做的事情，我爸爸媽媽給我一個健全的家庭、健康的身體，還有他們滿滿溢出來的愛，擁有了這些，

能用的時間已經不夠了，
別浪費時間在無意義的比較上。

我憑什麼荒廢我的人生、浪費我的時間呢？

　　我要活得開心，我要努力追求自己心之所向，才不枉我們
獲得了這麼多。我感謝我生在此地，我感謝我家人不給我任何壓
力的成長，我感謝我周遭的所有的人，支持著我心中想要做的
事⋯⋯，種種的種種讓我沒有理由退縮，我更要勇敢活出自我，
我知道這是我對大家最好的報答。

停止抱怨！遇到困難，解決就好！

我們在每個不同的求學階段都有自己的朋友圈，出了社會也會結交新的朋友，經過時間的汰換，不見得是人家下車，也許是你早就決定了在哪站後兩人會分別轉往不同的下一站，這一切都沒有對錯。相信大家一定都有經驗，當我們到了一個新環境之後，會突然跟以前的朋友沒有那麼多的話題可以聊，這並不表示你開始討厭他或是疏遠他，其實就只是生活圈漸漸不同，生活方式也慢慢的不同。

每個人在自己的道路上打拚，如果有同樣正在打拚的朋友一起努力、一起分享，那真的很幸運。而當你在進步的時候，如果對方的腳步不同了，聊的話題也不同了，自然而然的會慢慢漸行漸遠，又或是當你已經在聊如何在人生未來的道路上奮鬥，有人卻停留在我今天怎麼工作這麼多、為什麼加薪的不是我，這種邏輯思考面向完全不相同的人生價值觀裡，你們大概會在吃完飯後進入一個沉默期吧。

可是你要知道這並不代表誰優秀誰庸俗，只是每個人選擇的生活方式不同而已。然後你會開始比較沒那麼頻繁的邀約不同調的朋友。你開始會去接觸那些你嚮往的生活的人，你會去了解你想要的生活方式，過你想過的樣子。

通常我走到人生十字路口的時候，會去尋求師長、尋求那些我認為比較果斷，比較有想法的同學他們的看法，那是因為我知道他們做事是積極且明確的，也相信他們的價值觀，相信他們對事情的見解，可以替我公正作出判斷、不拖泥帶水的幫我作出決定，這是我欠缺的，也是我所需要的能力。也因為他們具備這樣的能力，讓我時不時就想找他們聊天，想從他們身上或多或少吸取一些想法和作法。

　　從他們身上我學到一件事——你一定會以為是朋友教會我什麼大道理，其實不然，人必須積極的為自己的人生負責，想擺脫身上的那灘渾水必須靠自己，不會有人24小時隨時等待來救援自己，所以我不可能一直等著人家救我，我必須自己救我自己。

　　而且首先第一要件：*停止抱怨！*

　　聽起來簡單但做起來不容易唷！這需要大量不斷的練習，首先告訴自己的腦袋：「從現在起我不可以抱怨！」再來，每當想抱怨時就告訴自己：「把抱怨的話收回去！連用想的都不行！」這不會馬上就成功，需要一次兩次三次，一而再，再而三的重覆實踐，慢慢就會發現，抱怨的念頭似乎已經不會從腦袋冒出了，因為你知道，遇到困難，解決就好了。

　　很多**蝴蝶效應**就會在這時候出現，在你身邊出現的人、發生的事會以你喜歡的樣子出現，總之在之後你遇到任何突發狀況你都會覺得反正事情都能解決就沒什麼好怕的；而，人生也不會太鳥。願我們都能成為我們喜歡的那個樣子！

我羨慕你，但是我不嫉妒你。

如果別人過的是你期望的生活，那你就羨慕吧，但不用嫉妒，因為你也有人家羨慕的地方。

羨慕讓我們想要過得更好，那樣的好不是去模仿對方，而是活出自己；因為我羨慕你的生活，所以我也想要過好我的生活，但我不想照本宣科去拷貝別人一天的行程。

要相信，自己絕對也有讓別人羨慕的地方！

ag.shuhan

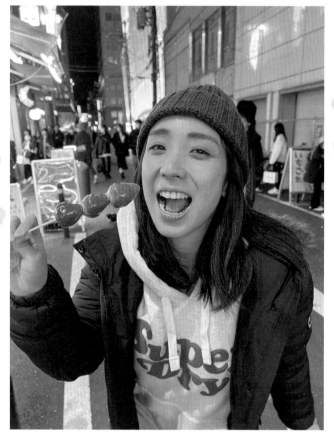

FOLLOW •••

4K likes

2022年我完成了自己的夢想，
原來實現夢想的感覺是這樣啊！

盡情跳躍吧

只要你奮力一跳，就能跳過那個門檻！

P.S.最歡這襲衣服，我應該是輕鬆得分吧

自己講 燦笑☆

雖然在我26歲的時候，工作有一餐沒一頓的，我仍然很認分的持續努力，但對於工作的未來，我真的完全無法掌控，可是我不想就這樣靜止不動，所以我對自己許下一個承諾，希望未來我可以每年送我自己一個到世界各地的自由行。

在我26歲那年，我給自己許下一個願望，用自己賺的錢，每年給自己一趟，好好認識這個世界的旅程。

為了這個目標，我必須正視面對我的工作跟收入支出，即使還沒有穩定，但是逐步規畫，一定有機會的。

兩年後我因緣際會接下了長壽劇，開始有了一點點生活的能力，但因為新冠疫情爆發導致計畫暫緩，直到2022年的年尾，終於解鎖了我自己的願望！

我終於完成了自己第一次的自助旅行，歷經了新冠病毒大流行，當世界不再像以往交流的樣子？甚至過了兩個月只能出門採買食物的日子。我發現自己是如此的渺小，小到只能在自己家中小小的範圍走動，而地球如此大，大到我們真的不夠時間來認識這片土地，所以在疫情解封之後，我便立馬踏上了我的自助旅行。

在飛機上，雖然很雀躍，但很踏實，因為我知道這是我一步一步踏出來的。

每年送自己一個自由行

PART FOUR

☆4 快樂向前行

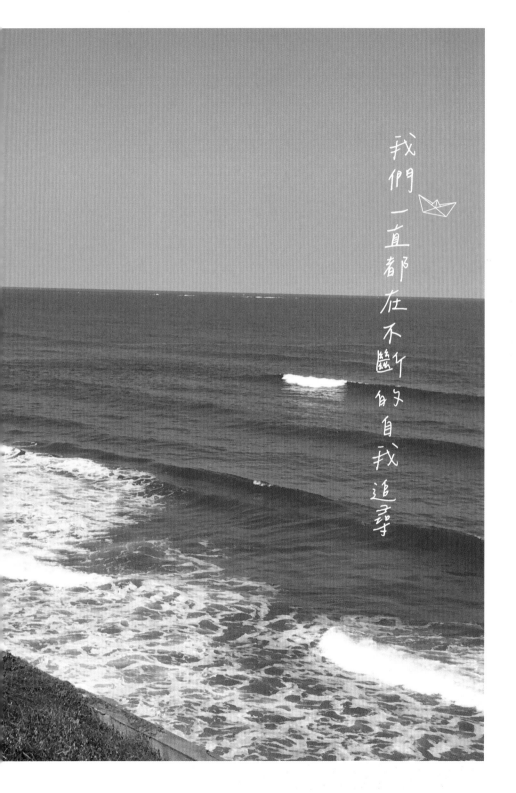

我們一直都在不斷的自我追尋

所謂的尋找自我，並不是沒有了自己或是迷失了方向，因為失去方向的自己也是我們完整人生的一塊拼圖。

我的名字是LiangShuHan

我的英文名字Agens——天神的女兒

很多人第一次聽到Agnes這個英文名字，第一個反應就是：這也太難記了吧，誰會用這個當英文名字呢？

對我來說Agnes不只是一個英文名字，我的英文的名字是我賦予它意義的，就像是我的中文名字是我爸媽對我的祝福，要不是為了祝福子女，我們爸爸媽媽又何必拿著出生年月日去算姓名筆畫取個好名字呢？

有時候我常常想問：「你的英文名字是你喜歡的嗎？」

臺中人生劇展《大潮》

　　其實我的第一個英文名字是Helen，小時候我上兒童美語補習班的老師幫我取的名字，用我的中文名字舒涵的涵作諧音，於是給我取了一個Helen。但是海倫這麼通俗的名字，讓我覺得我的英文名字很庸俗，好像很多人這樣叫，當然我個人是對海倫沒有意見，只是覺得不夠特別，反倒很羨慕班上一個叫Amy的同學，我覺得Amy很女生呢（現在想想，Amy在英文名字中也算是菜市場名吧！）。

也許在夢裡，藏著真正的你自己。

試著做個練習，當你醒來的時候如果有記得的夢，

立刻寫下來，因為如果想著等等再寫，就會忘記。

但你也有可能記錄到的是一些莫名其妙的夢境，

即使如此，

也有可能暗藏你的想法（或是你最近想吃的食物(誤)）

等我上了兒童美語的進階班，上課第一天老師問我：「你叫什麼英文名字呢？」我竟然直接說我叫Amy，就這樣我第二個英文名字就出現了。Amy也用到了小學畢業。

上了國中之後開始知道追流行，也知道很多很特別的名字，看著電視上的大明星的英文名字跟人家的重複率都很低，我開始不想要Amy了，誰教課本打開第二頁就有「Hello，Amy.」我覺得好丟臉。於是開始上電腦查一些英文名字；我有個同學叫Candy，中文的意思就是糖果（我知道大家都知道），但是我覺得天啊，這好可愛！一個女生叫糖果，感覺很甜美，我也想要有一個感覺很甜美的名字，於是我送給我自己一個Angle，中文的意思是天使──這是我第三個英文名字。

結果Angel沒有陪我到最後，因為有一次我聽到一個外國人說：「我不懂為什麼亞洲人喜歡把糖果、餅乾當作自己的名字？」外國人覺得很奇怪，於是我的天使就這樣默默的被我藏了起來。在這個時期，若是碰到人家問我有沒有英文名字，我就直接說：「我沒有英文名字。」

好像沒有找到答案的事，就會一直不斷的出現在生命中，直到找到答案。

就這樣到了高中，有一年我國外親戚回台灣來度假，我跟著爸爸一路招待表叔表嬸。

嬸嬸問我：「你有英文名字嗎？」

我不知道該怎麼回答，就說：「我沒有英文名字。」

嬸嬸說：「怎麼會沒有取呢？嬸嬸來幫你想個英文名字吧！」

她說她想要幫我選一個高貴又有氣質的英文名字。

「叫妮可吧！妮可基嫚的妮可！」

大一的英文通識課，老師問說大家叫什麼名字，我說我叫Nico，老師想了想說：「Nico不是這樣拼，是Nicole。」當著全班同學的面前被指正，我真的覺得好丟臉，連自己的名字都會拼錯。也是，嬸嬸是告訴我我叫妮可，可是沒告訴我怎麼拼的呀，Nico是我自己用自己的拼音式邏輯拼出的名字。

就這樣，Nicole這個名字讓我沿用到出社會，到了在外商進口的巧克力店上班時我就叫Nicole。

那到底Agnes是怎麼來的呢？

那是在我大學的畢業製作，我第一次演出舞台劇的女主角色——天神的女兒艾格妮絲。

大致的故事是這樣：天神的女兒艾格妮絲看到地球上歌舞歡騰便覺得地球很美，但是她父親告訴她不要下凡去地球，因為當你發現世界不像你認為的那樣美好會很痛苦的。但是艾格妮絲不相信，她決定要親眼看看這個充滿笑聲的地方。下凡之後，她歷經了人生的種種傷心、難過，體會了人生的無奈與悲傷，於是她祈求父親將地球的這些痛苦回收。

看過劇本後，我問過導演問什麼會選我？班上這麼多人都來甄選女主角，為什麼會選我呢？

我永遠記得導演這麼回答我：「因為你就是艾格妮絲啊！」

雖說找接了這個角色也演了這齣劇，但對於導演的說法，我是沒有特別的感覺，卻在我出了社會後遭遇到很多我從來沒想過的挫折與困難，不知道為什麼劇中的臺詞時不時會浮現在我腦海，我瞬間發現我正在感受這個世界，當初覺得枯燥乏味的劇本好像變得很有生命力，我大概能懂了當時為什麼我舅媽看完我的舞台劇會哭了（那時候來支持我的國中、高中同學、好友都睡了一半AA），我想這就是人生啊！

　　原來我就是那張白紙，突然間可以意體會為何導演會說我就是艾格妮絲。

　　謝謝我的家庭給了我美好的童年、美好的生活、美好的一切，而我正在深切的體會這個世界呢！

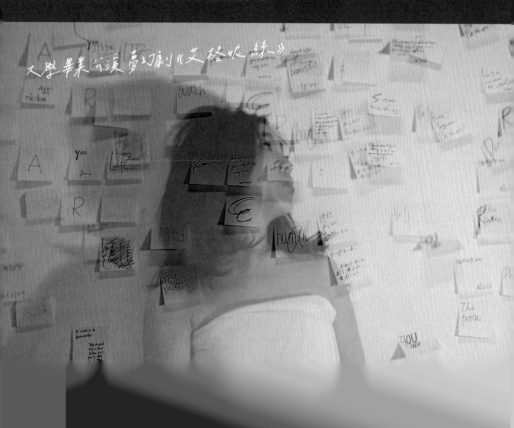

大學畢業公演 夢幻劇《艾格妮絲》

直到我接演《女兵日記》開始真正有一個代表作品，好像開始有人認識我了，我開始思考：我該怎麼介紹我自己呢？打在通訊軟體的名稱，一打上去就會定案了，不能像小時候一樣喜歡就用不喜歡就換，要做出一個決定。

　　我認為Agnes就像是我正經歷人生的一切；我和艾格妮絲一樣，喜歡美好的事物、不知人間疾苦．被保護得好好的，被愛我的人放在手心上寵著、疼著。我想我就是Agnes，我是上天眷顧幸運的孩子吧！Agnes，就成為我不變的名字，即使很多人說它很不口語、很不好記、很拗口，但我還是想用這個名字，我親自賦予它意義的名字。

　　而後，我又遇到了一個改變我這些想法的人。我們剛認識的時候我問他：「你的英文名字叫什麼？」他說他沒有，我問為什麼？他說為什麼要取英文名字？妮可基嫚就叫妮可基嫚呀，她不會因為認識亞洲人，就為自己取個中文名字叫做李美慧啊（借我媽媽名字用一下，我認為我媽媽應該也跟他氣質差不多）。

　　我想我的名字也是一個歷程，一個尋找自我的歷程。

　　從別人看到我，最原本的我到仿效別人而成為的我，然後又開始想為自己增添不一樣丰采的我，歷經了答不出什麼是自己的我，找到屬於我自己的我。到最後，我終於懂了，何必去找尋自己，因為我就是一個獨立又特別的個體。

我是梁舒涵 Liang Shu Han！

　　謝謝這一段旅程，讓我成為現在的我。

不用再找尋自己，
因為我們都是只有我們自己才能成為的自己！

就像只有我才能無時無刻從小到大都充滿這種照片

P.S.蒐集這種照片我依然輕鬆得分

在正式出道前，我存了一筆錢，自己找攝影師、
找妝髮、自己找衣服，幫自己拍的宣傳照。
也因為這次的宣傳照，讓我獲得《女兵日記》
的試鏡機會。

就是這組照片讓我獲得《女兵日記》金素明試鏡的機會
但是怎麼最後會變成……

《女兵日記》飾演葉素娥
圖／TVBS授權提供

生活沒有絕對的正確與錯誤，只要知道自己喜歡或不喜歡就好了。

　　我記得大一上表演課，老師有一句話讓我非常印象深刻，老師說：「最簡單的進修方式，就是一直看戲，看到當你能說出自己喜歡什麼不喜歡什麼，那你就得到了一點什麼。」

　　後來發現這對於生活之中也很受用，對於生活態度、對於生活品味，我說不出什麼了不起的大道理，但是我知道我喜歡什麼、不想要什麼，從各種嘗試中、在每一次的成功失敗中，吸取經驗。

　　這就像做料理，在既有印象中大家都認為：南部人的口味偏甜、喜歡吃鹹甜鹹甜的食物 。但並不是所有南部人都這樣，有些人喜歡口味單一，因此當自己在做料理的時候，所使用的調味方式就會偏向自己的口感，進而煮出屬於自己的味道。

　　沒有人說蚵仔麵線一定要加香菜，也沒有人說吃水餃一定要配蒜頭，這都是個人的口味選擇，不是懂不懂吃，也不是吃得對不對，就只是單純的喜歡與不喜歡而已，所以我自己做菜，我不會精心計算鹽要用多少，也不會執著一定要先放肉、還是先放菜，反正試多了，自然而然就會煮自己滿意的味道。

　　人生也是如此，每一條路都是正確的，重點是要走得開心。如果這一路走得彆扭，那就用跑的吧！不要被框架住了！選一個自己喜歡的方式生活吧！

不論世界希望我變成怎麼樣的人，最重要的是我自己想成為怎麼樣的人。

進入職場以後，遇到的人事物很多來自各個不一樣的地方，我始終相信善人多於惡人，如果我們的本性是善良的，那我們遇到的人就會是善良的。

　　在我成功出道以前，哪裡有相關行業的邀約我幾乎從不缺席，這當中遇過很多很多不一樣的人，曾經在我師姊入圍金鐘的慶功晚宴上，大家聊得很盡興，那次的聚會中有一位唱片助理，他在酒酣耳熱之餘，非常紳士的來到我的身邊坐下，他沒有任何其他意圖，他只是好心的替我著想，跟我說：「我覺得你長相不是美女，人生還很長，也許你可以想想有沒有別的工作想做的。」

　　聽完這句話的當下，我不知道該如何反應。

　　不知道他現在在做什麼，自從那次的聚會之後我已經很久很久沒有遇見他了

　　從事這個行業我從來不是想證明什麼，只是因為我喜歡戲劇、我熱愛演戲，我喜歡跟大家一起完成一個作品的感覺。雖然勸我轉行的人非常多，最常聽到的不外乎就是「你不是美女」，這是在告訴我，我必須投降在外貌之下，放棄我的夢想嗎？

　　但是，我還是想堅持我的夢想。

這件事之後經過了很多年，我一路上先是從事戲劇幕後工作，我努力的工作，為的是可以存一筆錢，然後繼續等待我的夢想、我的機會。

我從來沒有想過自己可以從事這樣繁瑣跟細心的工作，我在幕後工作了近四年，愈做愈上手，雖然身邊仍不斷有人會給我很多良心的建議，要我乾脆就做幕後工作人員吧，原因是因為我的長相。我想他們都是出自於好心，深怕這條路我走得太艱辛，但我也都只是笑笑的回應。

在多年的等待中，不可否認我當然也會緊張、也會害怕，但是我還是不想放棄，我想成為可以在戲中綻放自己的演員，那是我想要的自己。每個人都會知道哪一條路是順遂平坦的。我家人也希望我的生活可以不用煩惱、不用焦躁，安安穩穩的有一個工作、吃飽睡好無憂無慮，對我來說這是這個社會告訴我們的幸福，可是這不是我想要的。

我的人生只有一次，我希望是用我想要的樣子活著，也因為時間過了就回不了頭，所以我告訴自己不論眼前有什麼十字路口，只要確定自己不會有遺憾、不會後悔，就可以了，重點不是結果，而是到終點之前，我們走過什麼路。

最終在時隔多年我又遇到那名助理了，我不知道他記不記得他跟我說過這些話，但是我感覺得到他記得我，再相遇的時候我們有打聲招呼，僅此而已。

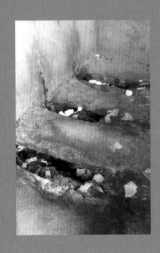

如果你剛吃飽我只能說抱歉
因為我只是想說，有些東西，可
以自己消化完拉出來就好，毒素
排完身體會更健康！

P.S.這是我2018新疆拍的，傳統的如
廁場所，但是因為氣候乾燥所以不會
太臭。不知道現在還有沒有這麼古早的
廁所，至少當時也讓我人生嘗試過。

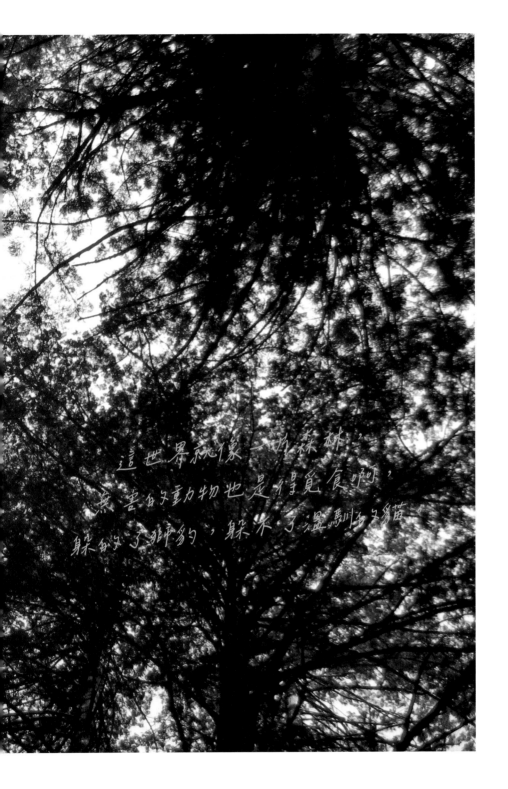

這世界就像一座森林，
無辜的動物也是得覓食啊，
躲的了非洲豹，躲不了澳洲的野貓。

脾氣好，不是不想生氣，也不是不會生氣。那到底我該不該生氣呢？

每個人都有這樣的撞牆期吧！

念書的時候想著，不要跟同學太計較，他們想開玩笑那就開吧；談戀愛的時候，不管對方要求什麼都沒關係，因為那是我的情人；出了社會到了職場就想著以和為貴，要學會八面玲瓏，所以有些鳥氣喝杯啤酒吞下去，就算了吧！

我們在學習長大的過程中，都在妥協自己與社會和平共處。那到底怎麼樣的和平是和平呢？只要有一方願意忍讓下去、不生氣那就叫和平吧?!

如何不傷感情，表達出自己的感受讓對方知道，是一件非常難的事情，因為每個人都有自己的感受和思考邏輯，於是會怕說錯話、怕踩到別人的點，往往想想之後，「算了明天就會好了，他只是太在乎我。」、「我實在是不忍心婉拒這番好意。」……默默吞下自己的負面情緒，勉強自己去做不想做的事。

久而久之，我們的忍讓對別人來說，就成為一種理所當然，對方不是不在乎我，而是根本不知道原來這些言行舉止會讓我不舒服，最後演變成無止盡的試探我的底線，回過頭來想，這不也是我自己慣出來的嗎！

（側邊標題）我一點也不想當好好小姐

不是說非得任何事都要占上風，但一定要讓別人知道我是有底線的。人心很難捉摸，說真的那些總是逼自己笑臉迎人的人比起脾氣大的人，到底是誰難捉摸啊？因為總是笑著會令對方摸不清笑臉下在想什麼，會以為反正這樣沒事，那就一直這樣相處吧！

我曾經因為害怕孤單、害怕寂寞，只要能牢牢抓住身邊的人，我不在乎相處時自己舒不舒服，導致情緒累積到最後自己承受不住了，就覺得全世界沒有人了解我。但每個人都不可能真正的了解任何一個人，如果沒有溝通、沒有表達，對方該如何知道自己心裡所想的呢？

大學的時候，因為排練舞台劇的關係我借住同學家，這是我第一次和非家人共處在一個房間裡，我用我的電腦，她用她的電腦，我們沒有交談，整間房間非常安靜，卻也非常和諧，我心中覺得很奇妙，因為我是一個極害怕冷場、安靜的人，我會想這樣同學是不是會覺得我很悶不好玩？是不是覺得我很無趣？但那一天的氛圍，卻讓我無比舒服。

我把這奇妙又特別的感受跟這位同學好友分享，我也告訴她我很害怕別人不喜歡我於是我隱藏了我的憤怒，我不敢生氣，我也不願意生氣。

朋友竟然直接說：「如果有個人會因為你生氣而不喜歡你，那他也不是真正喜歡你。」

這句話請深深記在心裡，我們沒有辦法保證所有人都喜歡我們，但只要我們在乎的人跟在乎我們的人懂就好了！

受傷了不用急著好，沒關係的！

每一個人的心中，都有一道只有自己知道的傷痕，也許10年也許20年，但總有一天會煙消雲散的。

很多人對於祕密這件事情很在意，因為這是保護自己的最後一道防線，那個隱藏在心中很深很深的位置，那個連想都不願去想，連講都不敢講的事，不論再丟臉、再不堪回首，只要沒有人看穿就好、自己知道就好，靜靜的把它鎖在角落裡。

是啊！這樣就好！

突然有一天、某一個契機，身邊有一個你很信任的人，而你不經意將它說了出來，你被迫面對它，可是坦承了你的害怕後發現，說出來其實沒有那麼難，也沒有那麼怕了，然後從聊心的過程中，這個人似乎是接住了你的悲傷。

一個朋友跟我訴說他內心深處的傷痕時，告訴我他的朋友說得很有道理：「千萬不要因為這道疤痕而影響了你現在的生活。」他說他現在準備要跨越這個關卡，要很努力很努力的克服……

其實當下我很想他一句：「難道你現在的過得不好嗎？」

認識我的人都知道，我水性不好，所以大部分的水上活動，我都不去，我很怕滅頂。

　　我小時候溺過水，並不是因為自己跑去海邊沒注意安全，而且從小我爸媽就送我去兒童游泳班學游泳，我還記得我拿到了補習班的海豚證書，那代表我可以游自由式，只是那個兒童泳池的長度不長，基本上不太需要換氣，所以那個證書並不代表我真的學會自由式，我對游泳也並不是真的很熟練，我不會換氣。

　　就在拿到證書的那個暑假，我和表姊、表哥一起到會員制泳池游泳玩，我不知道那個泳池的設計是深度100～120公分的兒童泳池和180公分深的標準泳池連在一起的，我就跟平常上課時一樣游泳練習，就在我覺得腳痠想停下來休息時，不知不覺人已經游到180公分深的大人池了，我的腳碰不到地板，我緊張到不知該怎麼辦。我揮手大叫表姊的名字，一叫嘴巴就吃到水，我知道再亂動就會嗆到水……

　　我想起上課時老師教可以漂在水面上的姿勢──水母漂，此時的我已無力揮動我的雙手了，只能抱住雙膝整個人曲成一塊圓球狀，浮在水面等待奇蹟……

　　果然，我的表姊來救我了！一聽到她的聲音，我整個人像是在汪洋中找到浮木，趕緊抓著表姊想露出水面呼吸一口空氣，我還記得表姊的頭還被我緊張舞動的手壓到水下，因為我實在太慌張了，不知道該如何在水中運用我的肢體。每次回想起來，都覺

得很丟臉，怕死怕到把別人的頭壓下去。

　　最後當然是表姊拉著我游回岸邊，從此之後對於任何會滅頂，或是我腳會踩不到地面的水上活動，一律都不參加。

　　但說實在的，水性不好對我的人生一點影響也沒有，不影響我吃飯、不干擾我睡眠，只不過不去參加水上活動而已，所以有沒有克服對我來說，好像也不是那麼的重要。

　　也許有一天當我的工作需要，或是接到一個游泳相關的角色，我必須學會游泳，到時候我也會努力把它學起來。所以改變的關鍵，取決於有沒有真的影響到你的生活，如果不是那麼的嚴重，或是你覺得現在的生活很好，那也沒關係呀！我不會強求一定要解鎖什麼，因為我自己人生我自己決定怎麼過最舒適。

　　話雖如此，我也曾經給自己訂下一個目標──要把水性練好，雖然到現在還沒達成，但沒有人強迫我，也沒有人笑我，那個目標是我自己決定的，並不是我逼自己去面對，當我經過了一些時間也體驗過很多未知，漸漸的就可以釋懷那個害怕了，也許哪一天突然覺得好像沒有那麼害怕了，自己就會去面對它、戰勝它。

「時間是最好的解藥」
不論放在人生、感情各種的陰暗面，
都很適用。

它可以淡化很多，也可以帶走很多。
不用急著好，沒關係的。

有時候要用用大腦，不要成為心的奴隸

　　從小到大我們就被教育不要被雙眼蒙蔽了，要用心看待事物，做人要真心誠意。但是到底是我們是主人？還是心是主人呢？

　　心，不是心臟，是一個很抽象的概念，也許是一個感情裝置，但我無法形容、也無法描繪，只是它會哭、會笑、會傷心、會生氣，心也會讓我坐立難安、讓我無法放鬆，可是我每天還是要工作啊！看到長官還是要說早安，看到人還是要裝作自己沒有事，到底為什麼生活會這麼累？

吃東西，對我來說是最療癒的一件事！

好好吃飯，好好睡覺，好好生活，

你正在治癒你自己！

可是只要吃了一頓好吃的下午茶或是喝了一杯好喝的咖啡，我的心情就平靜了！好像煩心的事沒有那麼煩心了，也不知道是因為吃了好吃的東西還是事情解決了，抑或單純是我變豁達了，總之心情好了。

於是我知道，無論如何心總有一天會平靜的。

雖然隨心而欲很快活、很過癮，只是波動的心會讓我們筋疲力盡，覺得累。這個時候，身為主人的我不想把日子活得像折磨人的三溫暖，我會派出我的大腦告訴心：「放下，把不愉快的事情給放下！」

如果事情是我沒有辦法控制的，我再擔心也是沒用，人會變的、事情會改變的、除了自己的心跟大腦以外，我們都沒有辦法決定什麼，既然這樣那就放下吧！不想這麼累就告訴自己的心，盡力就好，盡過了全力就能決定要不要放棄。如果心付出到累了，大腦就告訴心停止付出就好了。

人的靈魂正等待著被療癒

有很多事情雖然無法用科學去佐證，但很神奇的是它就是這麼存在著。

我也曾經聽說過身心靈是互相影響的，有人告訴我說當你的腸胃不順，是因為你有些事情還沒有想通！

我想很多女孩子在青春期時，都會為了減肥而煩惱，但我的煩惱卻不大一樣，每天最煩惱的反而是今天沒有沒有上大號？只要一天不順暢，心情就不太美麗。

印象中我從小到大都便祕，也經常腸胃脹氣，還常常痛到要去看醫生。醫生說我的腸胃不規律蠕動，簡單來說意思就是它自己想動才會動，有時候我吃完東西，它不想動就是不動，導致常常消化不良。

我的生活一直受到便祕的影響，我也歸咎於我的腸胃不好，但是長大後開始學習觀察、了解自己的身體，我發現，當我睡飽全身最放鬆的時候，就是上廁所通順的時候，所以我喜歡睡得很飽，然後一個人喝著抹茶拿鐵散步，走著走著愈來愈放鬆，心情愈來愈平靜，然後就會想上廁所了（偷偷暴雷自己的怪癖）。

有一次我跟一個朋友說，我連兩天都消化不良，他直接的回我一句：「也許是梁舒涵的靈魂想跟你說些什麼。」

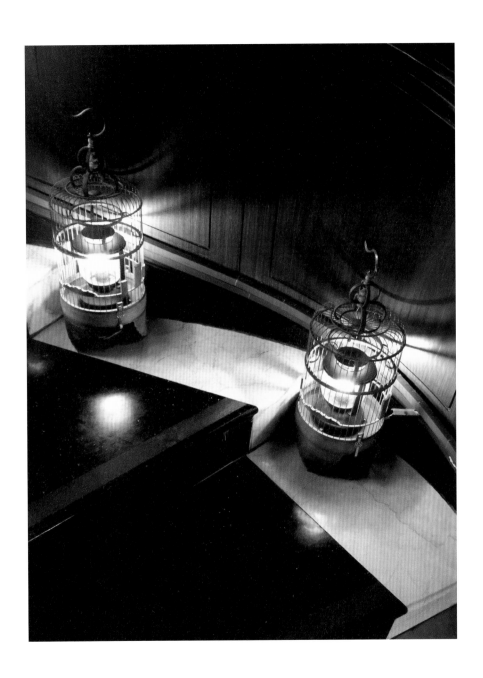

天啊！這麼一句話重重的打在我的心裡，我不禁在想，那些焦慮不安而導致的腸躁症，是不是就是因為梁舒涵的靈魂不舒坦呢？

　　於是我開始過我喜歡的生活，選擇一個讓我不會不安的生活方式，自在靜心的生活，是不是這樣就可以治癒我不安的靈魂。

　　這次出書前，我翻開小時候的相本，找一些照片跟大家分享，我媽媽陪著我一起看照片，我們邊看邊聊。原來我腸胃比較弱並不是長大以後才有的，媽媽說她生我的時候是在大醫院的月子中心坐月子，可是不知道怎麼回事，我竟然嚴重腹瀉到需要隔離，連我媽媽都不能進來看我。媽媽說那陣子也難過得哭到不行，哭到我爸爸也不知道該怎麼安慰她。

　　我想也許我們降生到這個世界，打從一開始就充斥著各種不安，因為外面有太多無法掌控的因素，太小還不會說話，還沒學會表達，只能用身體來反應，等我們長大學會了表達卻發現，很多事不是表達之後就能夠解決或找到答案，還是有很多不明和未知，我們只能學會自我療癒，不要被我們不能控制的人事物影響自己的內心平靜，我知道很難，但是我們也只能學著跟自己跟世界共處，別無他法了！

　　順帶一提，聽到我媽媽用哭到不行來形容那時候的她，我內心大大的揪了一下，這才發現我是多麼捨不得這麼愛我的媽媽為我以淚洗面，想不到原來有人會因為我的生病而潰堤，讓我知道
　　愛是最堅強的牽絆。

休來是刺青師，
休的刻骨銘心只需要滿足自己一個人的人生就好。

　　我相信每個人心中都會有一段專屬於自己才知道的刻骨銘心。

　　你要記住！只要記得感謝當時的自己這樣就好了。

曾經我也有過刻骨銘心的回憶，每一刻、每個瞬間我都用盡心力記下關於那時候我們的點點滴滴。也許是命運的安排，很多故事不見得都有美好的結局，但曾走過的路，回首起來，也會驕傲於自己曾經那樣認真、精采的活過。

　　如果有一天兩個人能再度重逢，能在這麼大的世界、這麼多人存在的地球重逢，本該多麼令人感動啊！但我發現那些我儲存在重要回憶抽屜裡的東西，對那個人來說、可能就只是幾張如同廢紙般的DM，揉一揉也不知道丟在哪了，還回憶咧?!我這才知道，那所謂的刻骨銘心，原來只有我在刻啊。

　　此時，無須傷感、無須掉淚，反該要慶祝，該好好的恭喜自己，知道了他不是真正會將你放在心上的人，對我們來說，那個發生在自己身上的回憶也是珍貴的，所以不必對別人的不珍惜而氣憤，反而要好好珍惜真摯的自己，好好的把自己的勇氣捧起來擁抱，謝謝當時的自己。

我不是刺青師，
我的刻骨銘心不需要別人認同、
不需要特別的工法、不需要用金錢恆量，

我自己滿意的自己就好。

記憶是會騙人的，我們只會記得我們認知的回憶。

在我念國小的時候，是我爸爸媽媽最忙碌的時候，印象中，我出門上學爸爸媽媽都還在睡覺，到我放學回家上床睡覺時，他們都還沒下班。這是我的記憶。帶我吃飲茶去買玩具的，是我爺爺奶奶；每次我跟哥哥不想自己睡覺時，都會跑去跟爺爺奶奶睡，奶奶就和我在地上打地鋪，爺爺跟哥哥則睡在床上。（想到奶奶為了陪我睡覺，睡在地上，我真是很不孝！）

我永遠記得每次班上要選家長代表的時候，我爸媽都會再三的提醒我們說：「記得跟班上同學說不要選我們噢，我們上班比較忙可能沒有時間處理事情。」

對我來說，直到我上了國中，爸爸媽媽才開始出現在我的生活中。但我一直都知道爸爸媽媽為了我們努力賺錢，我能夠過得無憂無慮，也是爸爸媽媽辛苦工作換來的，所以我從來沒有抱怨。

後來慢慢爸爸媽媽也在職場上做了取捨，開始規畫家庭生活，我們家開始會一起吃晚餐、一起去外面走走，很開心能夠與爸爸媽媽更靠近了。

有一天，家人坐在一起看相片聊天，我跟他們說我小時候對他們的印象很不深，不管運動會還是特別的典禮，他們都忙到沒有時間來參加。然後，我爸爸就回了我一句：「那不然這些照片是誰拍的？」

一句話點突破盲點！從小到大我跟哥哥的相簿在每一個階段的照片都洗了好幾本，有運動會、畢業典禮、我國小舞蹈比賽的表演……，這些都是我爸爸拍的。我爸爸說，他跟媽媽就算再忙，但只要是我們的大活動，他們都一定會安排時間參加。

這時候我才發現，我被我自己的回憶給騙了，其實爸爸媽媽很努力的參與我的生活，而我們卻只會去記自己想記的事情，只記得他們很忙沒有帶我們出去玩。人生很多事情也是一樣，我們很容易受情緒影響，蒙蔽了自己的雙眼，只看得到我們能看到、想看到的，卻忽視了真正的事實，這樣就算用心體會又如何？

我從沒有怨懟過爸爸媽媽的忙碌，卻以為自己這是貼心、體諒的表現，但是我的心卻看不到他們的付出。原來我都被記憶給騙了。事實證明，他們的付出是從小到大都不間斷的！

記憶重不重要，重要！但是它不能完全的代表什麼，只是你成長中的片段，在這些回憶當中帶給你的體悟。但如果我們只糾結在我們想糾結的地方，那大概有一百個漏洞可以鑽，凡事都不能只看自己認定的那一面，因為那可能與事實不符。

當我們同在一起

所有的安排
都是最好的安排

生命中好像就是有些東西不應該帶著走，即使
拽在身邊一輩子也不代表擁有。人的一生當中充斥
著來來去去，很多人會在彼此的生命裡突然出現又
突然消失。

我算是很晚很晚才談戀愛的，雖然現在回想
起來都會覺得滿好笑的，但那也算年輕時的刻骨銘
心吧，在戀愛的當下也是有很多轟轟烈烈的情愛糾
葛，就彷彿自己是那個小說中的男女主角，過了幾
年回過頭看，換回的只是一抹微笑。

一條路有多長我不知道，但我的體力有限，拿不動的就放下。

笑看自己當時年幼無知，花了很多心力做卡片、準備禮物、策畫一個驚喜，然後因為距離、價值觀，或為了一個辣妹，我們說了再見。分手後哭得撕心裂肺，晚上獨自在房裡想起還是會流淚。

　　差不多過了幾個月吧，遇到了一個令我有興趣的對象，以上戲劇性的情緒瞬間消失！以前看到很多人一分手就會有燒掉情書丟掉禮物、撕掉照片，那時還覺得怎麼會這麼幼稚？換我看著那疊我背著爸爸媽媽偷偷藏起來的照片不知道怎麼辦，那就燒掉吧！不需要占著我房間的空間，也不再需要浪費我心裡的空間。

　　人生哪，任何的情感、任何的喜怒哀樂，再怎麼激烈都是一時的，最終都會過去。如果你覺得累了，相信我，後面還有！說不定還更好，現在拿不動就別提了吧，放過自己。現在你以為的痛苦沒多久也想不起來了，在自己可以負擔的狀態下輕輕鬆鬆的過日子多好，是吧！

從你出生那一刻起注定有人愛著你，但你必須懂得珍惜，才能找到珍惜你的人。

我談戀愛的過程中最大的收穫就是：這些感情提醒著我，我爸媽有多愛我。也是交了男朋友才知道，原來我對父母的不耐煩有這麼的令人不舒服。

　　我想應該每個人都有那種「有種餓叫媽媽覺得你餓」的餓，明明不餓，還一直問你：「要不要吃飯？」、「不吃飯，那要不要喝湯？」、「不喝湯，那要不要吃水果？」的經驗吧。

　　每次遇到這種時候我就會一個頭兩個大，不是已經說好不吃了嗎？還一直敲門問，忍不住白眼。

　　某次談戀愛的時候，記得我曾經滿懷心意想要煮飯給愛人吃，去超市買了食材，也事先確定做他要吃的菜，結果煮好，人卻給我賴在床上睡覺不起來，就這樣我眼睜睜看著桌上我做好的餐點，漸漸冷掉，而我悶在客廳看著電視，心裡暗自下決心「絕對不會再為你做任何料理」。

對比我們家，如果換在家裡做料理，家人知道我要煮東西，每個人都開心到不行，哥哥為了要吃我做的菜有時還會空著肚子等著吃，不論好吃不好吃，爸爸絕對不會說不好吃，而且把它吃光光，即使我不小心做太辣或太鹹，爸爸都還是吃得一臉幸福。

我相信女生都有這樣的經驗吧，一開始在熱戀期的時候，男生都會很勤奮的去找你；等到感情比較確定了，就會變成叫你去找他，不過他還是會想要保護你，安全的送你回家；進入穩定期之後，他就會說他很累，問你要不要早一點搭大眾交通工具回家。

這並不是說，男生一定要送女生回家噢！

當然每個人難免都有很辛苦、疲累的時候，也有很需要休息的時候，送不送回家也不是維繫感情的必要條件，可是想想，我從小到大，不論何時都會堅持要送我到捷運站，或是收工來接我回家的爸爸，他又是怎麼做到的？他對我這個女兒的愛，真的不是一般男人比得上的。我真的很幸運有這麼愛我的爸爸媽媽，讓我了解到自己是多麼值得被愛。

不知道為什麼，我們總是忘記身邊的人有多麼愛著我們，而我們往往視為理所當然，然後再把自己被保護好好的心，雙手端去給不懂得珍惜的人，結果自己傷得遍體鱗傷。甚至有時在結束一段感情後喪失了自信心，用大吃大喝、大聲唱歌來宣洩、麻痺自己，然後就會有人告訴你：「愛人要先愛你自己？」

愛自己！但是要怎麼愛自己呢？是買好東西犒賞自己？還是吃著期間限定的甜點？不管做什麼對自己好的事，反正買著、吃著、玩著，就走過情傷了，走完之後回想好像這樣就對、就可以說出我學會了愛自己的話，然後再繼續經歷下一次的失敗。這真的是愛自己嗎？

所謂愛自己就是善待自己，把自己的生活過好。

當你關注在自己快不快樂，那就是成功的愛自己！

不論這個世界上有沒有人愛你，你都知道怎麼樣會讓自己過得很快樂，這就是真懂得愛自己。因為你已經了解了誰是愛你的人，也清楚自己需要怎麼樣的快樂，然後等待下一次到來的就不會是失敗。你會遇到一個你可以去放大感受那人對你的好，並好好感謝那些日常的細枝末節。

我媽媽曾經跟我說過，她很羨慕我的朋友，因為不論我發生什麼事（跟感情有關的）我都會跟我朋友說，而她都是最後一個知道（因為我都是分手了才會跟她說）。

我想這跟我從小的教育有關——如果沒有要結婚，就不用帶回來，所以到目前為止他們都沒真正見過我的男朋友，即使受了委屈我也不會跟媽媽說，因為我不確定這段關係會走到什麼時候，說不定吵一吵又和好了，如果一有不舒服就跟我媽媽說，可是那人最後真的成了我的老公，那媽媽是不是會記得他曾經讓我這麼難過過，那多尷尬啊！所以我從來不會輕易告訴我爸媽我現在是否交往中。

但是我仍然很謝謝你們這麼愛我！

我愛，是因為我知道萬物終究會離開。

「人終究會離開」，不只是人，連你喜愛的東西也會離開，就算你再怎麼愛護你的愛馬仕包，終有一天會壞掉，如果沒壞它也會離開你，你只能在你還背得動的時候，盡可能的拎著它四處走走。

我的物欲沒有這麼強烈，人與物相比，能夠讓我立馬潰堤的，就是我的爺爺奶奶了。

我永遠記得，爺爺是在一個大暴雨的夜晚離開我們的。

那天我玩電腦玩到很晚，隔天一早我哥敲我房門敲得很急，被吵醒的我還不是很清醒，問他發生什麼事，哥哥說：「爺爺走了！」我整個人驚醒，昨天明明才在為我跟我哥哥都考上大學而開心（因為我哥哥想轉校所以重考一年），爺爺因為我哥哥大學考到新竹很捨不得，所以以每個禮拜都會跟著爸爸一起去哥哥的學校接他回家，現在考回台北的學校，我知道我爺爺是真的很開心，還開心的說要給哥哥買一台新的摩托車，方便上學往返。

爺爺是因半夜溫差太大，瞬間腦充血離開我們的……

想到這裡，寫著寫著忍不住難過得流眼淚……

我是三代同堂家庭下長大的小孩

記得小時候都是爺爺奶奶帶著我去吃吃喝喝、買玩具，
媽媽說不能買的玩具，奶奶會偷偷買給我們。

爺爺奶奶不識字，只要考卷60分以下，或是老師說我上課
吵鬧的時候，我就會拿給我爺爺奶奶簽聯絡簿。

我跟哥哥不想帶便當吃隔夜飯菜，奶奶就每天煮，來不
及煮就買米粉湯或魷魚羹麵準時12點送到校門口。

我說我喜歡吃火龍果，我爺爺每一天的削一整火龍果給
我吃；我說我喜歡吃芭樂，我爺爺會每天騎著腳踏車去
菜市場買一整袋的芭樂……

我沒有辦法理解他們怎麼可以付出這麼多，又如此的無
怨無悔，畢竟他們也從未享受到，我對他們的照顧。

這是家中，第一個離開我的家人。從我出生，爺爺就看著我長大、陪著我長大，我真的很愛他。我自認我是一個做了決定不容易後悔的人，但我不得不承認，我很後悔對爺爺瞞了一件事。

　　我高中的時候，參加歌唱比賽到電視台錄影，那時候的我有點自卑，總覺得大家都在嘲笑我的夢想，所以在成功之前，我不想讓任何人知道我的發展情形，那時我爺爺很關心的問什麼時候播出？我沒有說，播出那天我沒有告訴爺爺播出了，連我自己也是隔天中午才看了一點重播，我想我爺爺應該都沒有看到。

　　我以為我努力就會成功，我想要讓他們看到的是我成功的光芒，但是沒想到出道的過程如此艱難，更沒想到爺爺沒能等到這一天。我常常在想，為什麼我那時候不告訴他我電視播出的時間呢？我想爺爺看到我出現在電視上，應該會很開心吧！

　　因為是第一個至親的喪禮，所以我沒有近距離看過遺體，第一次這麼近的看著過世的爺爺，本來我以為我會害怕，但是在爺爺從冰櫃拉出來的那一刻，我直覺反應的衝上前，握著他的手說：「謝謝！謝謝！」

　　我不知道為什麼會從腦中蹦出這幾個字，但是我真的好想好想對我爺爺說謝謝，謝謝你帶給我這麼快樂又幸福的人生，謝謝你不會中文還為了我們去學簽名，謝謝你不會煮菜還為了我們煮到自己能夠做創意料裡，謝謝永遠叫我起床的爺爺，謝謝騎著腳踏車載著我上課的爺爺，謝謝為了我付出也從來不抱怨的爺爺，謝謝我的爺爺，謝謝阿爺（我都是這樣叫我爺爺的是廣東話的發音）……

　　這是我最後一次握他的手了。寫到這裡我又不爭氣的哭了……

而我的奶奶，則是在爺爺離開之後生了場大病，雖然爸爸及時發現，奶奶也及時就醫，但是從那之後，奶奶沒下過病床了⋯⋯

現在想想，還是很懷念小時候，當沒有人要陪小學生玩麻將（還不玩錢），只有爺爺奶奶陪著我跟哥哥在過年開桌打到半夜，我跟你們說，我的爺爺奶奶打牌可厲害的哩！他們只是疼孫子而已，只要跟我們打牌他們就很開心。

我永遠都很慶幸那時的突發奇想。在奶奶記憶力退化的那段期間，除了簡單的噓寒問暖，有時候真的不知道要怎麼跟奶奶聊天。有天我突發奇想，找奶奶打麻將，聽說打麻將可以刺激大腦，那天下午，就我跟奶奶兩個人，堆砌了四邊牌，我們的雙人麻將就這樣開始，雖然奶奶對吃牌反應已經遲鈍，甚至後來不太能反應，但是她知道，三個花色一樣的牌，要碰！

曾經叱吒商場的女強人、戰火下勇敢的帶著全家大小偷渡活下來，又辛苦的帶大孫子的女人，她也會老，會生病，也會需要別人的幫助。不知道奶奶心裡是否曾經害怕難受過。

長大後的我常常在想，爺爺奶奶是怎麼看待他們這一生呢？

我沒辦法知道答案了⋯⋯

歷經了爺爺奶奶的生老病死，在我的心中留下很深很深的疤痕。

也許你們沒看過，但是我親眼看到，在奶奶離開的最後，醫生為了搶救奶奶，用電擊刺激，奶奶整個身體的震動，那是我在走廊透過縫隙偷瞄到的畫面。

Sweet Memory

此篇，請容許我自私的利用這本書的機會，
我想留下他們真的曾經生活在這世界上的證明，
獻給我的爺爺奶奶梁蘇先生盧玉嬋女士。
我心中永遠的愛和永遠的痛

雨天帶走了我的爺爺奶奶，
可能是天空也在陪著我哭泣，
所以雨天也可能帶著我的爺爺奶奶來看我
於是沒有那麼討厭雨天了

☆PART FIVE
當我們同在一起

「樹欲靜而風不止，子欲養而親不待。」應該就是在說我吧。

　　我從很小的時候就開始算，我今年幾歲、我爸爸幾歲、媽媽幾歲，如果一個人可以活到一百歲，算下來還可以相處幾個年頭？這一算，突然覺得50年好少，60年也好少，感嘆為什麼時間這麼少？如果平均30歲生小孩，那可以跟小孩子相處的時間只有70年，等到35歲，那不是已經快過完一半了嗎？

　　如果我早一點認清「世上所有的東西，最終都會離開我們。」的事實就好了，我們就可以及時把握、抓住有限的時間，好好去愛我們愛的人，用盡所有的力氣去愛而不留遺憾。我對我剩下的日子，期許自己珍惜能愛的時光，因為不知道哪一天，愛的這個人可能連挽回的機會都不留給你。

　　好好的看看自己的爸爸媽媽、自己的家人、朋友、愛人，如果你看完這篇，能有個人讓你覺得「為什麼我們能相處的時間怎麼這麼少」，那你應該好好珍惜這個人。

　　期許你們和我一起，愛到了無遺憾……

不要忘記，
生活會因為有想要分享的愛，
所以更完整。

不要忘記自己愛人，與被愛的能力。

PART SIX

走走 走走走

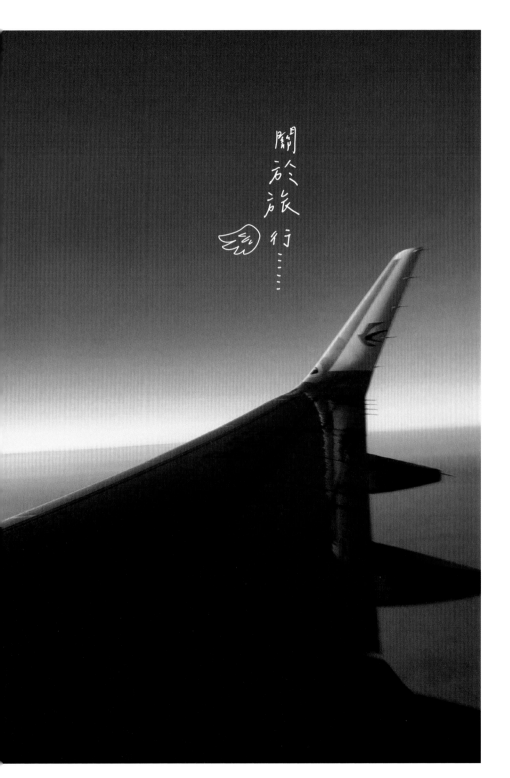

關於旅行……

許自己一個自由行

以前都會聽別人說，一定要自助旅行才能真正體驗這個城市。

從小到大，我跟著家人去過幾個不一樣的國家，跟著旅行團的套裝行程，跟著爸爸去工作，抑或是高中時報名跟日本的學校交流，但是沒有真正自助旅行的經驗。說實在，我也不是真的那麼想要了解那些城市，我對出國的印象就是，出去玩但是要坐飛機。但這些旅程都是爸爸媽媽給我的。

直到後來自己賺了錢，經濟自主有能力了，才終於踏上自由行，我深深知道這多麼的得來不易，自豪自傲也很珍惜。

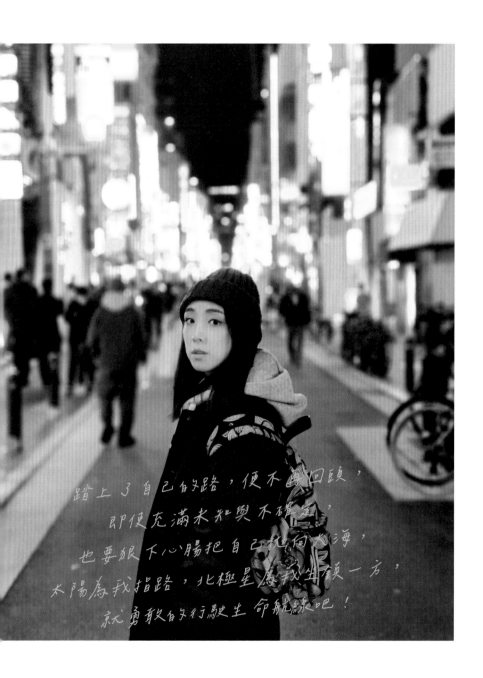

踏上了自己的路，便不要回頭，
　即使充滿未知與不確定，
　也要狠下心腸把自己拋向大海，
太陽為我指路，北極星為我坐鎮一方，
　就勇敢的去行駛生命航線吧！

浮光掠影・香港
Hongkong

曾經因為工作的關係來到了香港，我記得是跟著爸爸去拍棒棒堂男孩（大家可以上網搜尋一下也是紅極一時的團體，希望現代小朋友不要介意，那年代這團體很紅啊！）

就像從小看到大的港片一樣，街道不大，滿街的招牌與霓虹燈，我心中最好吃的豬肝粥，對香港的印象。

我的爸爸，平常連一件好衣服，一頓高級料理都捨不得犒賞自己的人，卻總是帶著我，要我想吃什麼就點，想買什麼就買。

去香港最大的回憶之一還有一碗簡單的餛飩麵。曾經是爸爸最愛的食物（現在我是不知道啦，現在也沒看他點什麼菜）。

從小我就知道爸爸最愛吃的食物是蘇打餅乾跟餛飩麵，他說以前打仗逃難的時候，他是靠蘇打餅乾活下來的，抵達安全的地方吃的第一份食物就是香港的餛飩麵！我想知道爸爸曾經嚐過的味道是什麼，所以我第一次有自己的能力來香港就一定要吃一碗。

（又不能講第一次來的時候有沒有吃，那時還小，還沒上小學，不知道是小班還是小小班，爸爸媽媽有帶我來過，我中間吃了什麼、去了哪，完全都沒印象啊……，我只記得我買的玩具XD）

上海・印象
Shanghai

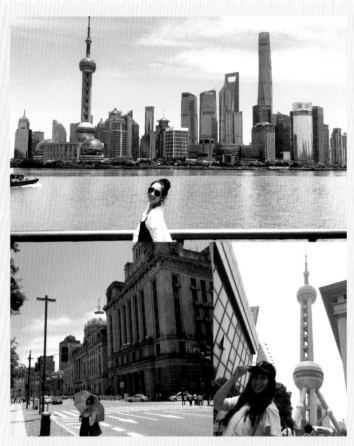

2016年和2018年
我跟著爸爸工作來到上海，拍攝亞洲天王的演唱會。
古典美與先進城市的結合，路大到我無法想像。

爸爸是一整晚工作之餘，
早上會因為我是第一次來到這裡而硬起床帶我出去走走的人。

爸爸最愛唱的歌之一是浪奔浪流的上海灘。

（他可是歸僑協會歌唱比賽有拿獎杯回來的咧！）

夢迴新疆
Xinjiang

在偌大的世界中，煩惱似乎都不太重要了，對吧！

無邊無際的視野，不知道宇宙是如何形成的奧妙，
山崖、冰川、沙漠……

離開了熟悉的城市，
社會交給了我們社會的價值觀，給予了我們夢想！

這裡，沒有人可以問，
放眼望去，毫無頭緒。

2018南疆
讓我驚豔到這世界的壯麗！
走出去看看才會知道原來世界是如此的神奇，
這孕育萬物的地球，
在世界的各個角落都安插了些寶藏；
不要自負自大，
也無須妄自菲薄，
我們都是被安插的寶藏！

跟爸爸還有爸爸的學者朋友（？）
一個與學者們一起出團的南疆植物探訪團

有個小故事——

其實我在南疆一個不小心受了點傷，傷口有點深，深到見骨，受傷的當下，我撩起褲管看，居然可以從傷口看到白白的脛骨，但是我當下選擇笑笑說沒事，因為我知道要是我痛得哇哇大叫，爸爸絕對會非常自責沒有照顧好我。而那天下午我都清楚知道我的血在流著，直到回到飯店，才買了簡單的食鹽水跟棉花棒做了清潔，但距離回家還有7天的旅程，每天爸爸都問我：「還好嗎？腳會不會痛。」老實說已經削到見骨了，痛覺神經也被削掉了吧，傷口是沒什麼感覺，我唯一能做的，就是確保維持傷口乾淨，不讓細菌感染，等到回台北再就醫。

事後媽媽告訴我，當她看到我帶著兩個傷口回來，她好生氣、好難過，覺得心很痛，但是她知道，與其發洩情緒也於事無補，所以她是選擇收起情緒，趕緊讓我就醫。

老實說我反而很開心這個印記，是我跟爸爸一起去南疆的記憶，不只在我的回憶，而是往後都會陪著我的記號。

但我並不是鼓勵大家要去受傷，快快樂樂出門，請平平安安回家。
只是我喜歡在每件事找到與它和解的方式。

2020 馬尼拉
Manila

很幸運的，跟著劇組來到馬尼拉灣家亞洲電視節頒獎典禮。
第一次到菲律賓，因行程比較緊湊加上人生地不熟，所以除了商場跟飯店以外沒有去其他的地方。
但是能夠跟拍戲的夥伴們一起出國，真的是很難得的回憶。
然後一回來隔月…疫情就爆發……就限制出境了……

紀念一下馬尼拉只有這個照片……

202212 大阪
Osaka

勝利的跑者不知道為什麼很適合在這裡出現。

也有被漢族文化影響而成為現在的日本文化，
京都相對東京來說就是比較保持文化古城的地方，
寺廟跟漢字也在這裡根深蒂固，更是世界古蹟遺產。

理解與包容。
尊重與欣賞。

還有旅伴──
被爸爸捧在手心上長大的我，總是帶著我出去卻又不需要我煩惱這煩
惱那，自助旅行卻不是這麼回事啊！住在哪要去哪都開始得要自己張
羅了。

長大，
不只是學會照顧自己，
更是學會了感謝。

成長的道路也許顛簸，

但是這過程風景，當你回過頭來看看這些照片，

不都是絢爛綺麗。

接下來
夢想還會帶我到哪呢？
我們還要去哪裡旅行呢？
旅行又會為我帶來什麼領悟呢？

EPILOGUE

後記

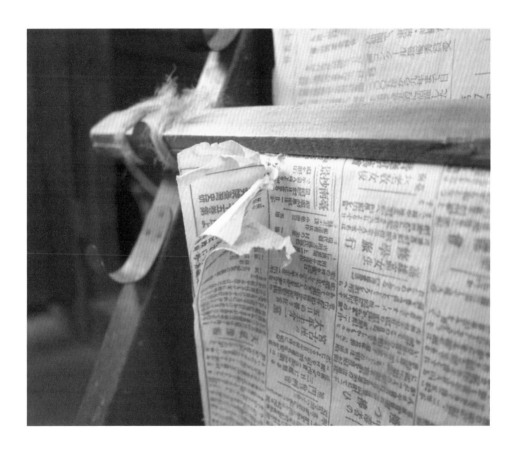

如果你覺得還沒達到想要的目的也請不要擔心，一切都會是最好安排！

　　幸運的是，皇天不負苦心人！雖然我先走上的是戲劇這條路，並非一開始夢想的歌手路，但是在戲劇的領域中，我盡力作觀眾們的開心果，也算滿有價值的，也是我正式踏上演藝之路的開始。說實在的，小小的成功光環，讓我稍稍忘記了是不是存在其他的可能性，且所有的人都告訴我，好好的走戲劇之路，歌唱就不要多想了。

　　條條大路通羅馬！

　　路不會是直的，可能也不會只有一個。

　　要是沒有拍戲的機會，我就不會有防疫的公益單曲的機會；要是沒有拍戲沒有認識宣榕，我也不會有機會，跟他一起合唱一首姊妹歌曲〈親愛的〉（收錄在李宣榕好好專輯裡；要是沒有這些歌聲的露出，我也不會認識現在的公司，認為我有機會也可以持續往音樂發展，於是這一連串的連鎖效應就出現了——

寬寬整合行銷vs梁舒涵

照片來自寬寬整合行銷

2024年 個人首發最新單曲「粉紅泡泡」

ag.shuhan

FOLLOW ...

♡ 4K likes

ag.shuhan

FOLLOW ...

♡ 3K likes

ag.shuhan

FOLLOW ...

♡ 3K likes

2023年 單曲「我相信(Remix)」

ag.shuhan

FOLLOW ・・・

B.T.O.D X 梁舒涵

♡ ◯ ◁ 　　♥ 3K likes

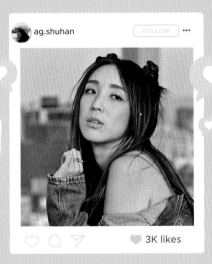

ag.shuhan

FOLLOW ・・・

♡ ◯ ◁ 　　♥ 3K likes

☆EPILOGUE
　後記

說來也是緣分，因為很多工作上的來來去去，牽線了我與寬寬整合行銷的合作。

　　老闆對我說：「我覺得你可以挑戰一下唱跳。」

　　我心裡想，認真？我有這個機會嗎？

　　也許機會總是安排在某個未知的未來，

　　需要帶著勇氣，前往另一個領域挑戰。

　　未來是什麼我可能不知道，但是只要我相信就一定可以！

　　請大家陪著我一起航向夢想這條道路吧！

　　用盡全力的在生命中舞動！

☆ EPILOGUE
後記

還有，還要謝謝，謝謝你們！

· 寬寬整合行銷　· 謝孟芝
· 君怡工作室　　· 蔡婉韻
· 鴻言娛樂　　　· 梁偉華 攝影
· 小吳工作室　　· 洪瑋伶 攝影
· 開麗娛樂　　　· 邱昱杰 攝影
· TVBS聯利媒體股份有限公司

梁舒涵的童年

梁舒涵與親愛的家人

梁舒涵的日常

我梁舒涵的演變

1989年出生，畢業於國立臺灣藝術大學戲劇系。

君怡工作室
照片來自君怡工作室

自製宣傳照

鴻言娛樂的梁舒涵
照片來自鴻言娛樂

開麗娛樂的梁舒涵
照片來自開麗娛樂

小吳工作室的梁舒涵
照片來自小吳工作室

我是梁舒涵：

只要比昨天的我更進步一點點，我就贏了！

作　　　者／梁舒涵
美 術 編 輯／賴　賴
企畫選書人／賈俊國

總　編　輯／賈俊國
副 總 編 輯／蘇士尹
編　　　輯／黃　欣
行 銷 企 畫／張莉滎・蕭羽猜・溫于閎

發　行　人／何飛鵬
法 律 顧 問／元禾法律事務所王子文律師
出　　　版／布克文化出版事業部
　　　　　　115 台北市南港區昆陽街 16 號 4 樓
　　　　　　電話：（02）2500-7008　傳真：（02）2500-7579
　　　　　　Email：sbooker.service@cite.com.tw
發　　　行／英屬蓋曼群島商家庭傳媒股份有限公司城邦分公司
　　　　　　115 台北市南港區昆陽街 16 號 5 樓
　　　　　　書虫客服服務專線：（02）2500-7718；2500-7719
　　　　　　24 小時傳真專線：（02）2500-1990；2500-1991
　　　　　　劃撥帳號：19863813；戶名：書虫股份有限公司
　　　　　　讀者服務信箱：service@readingclub.com.tw
香港發行所／城邦（香港）出版集團有限公司
　　　　　　香港九龍九龍城土瓜灣道 86 號順聯工業大廈 6 樓 A 室
　　　　　　電話：+852-2508-6231　傳真：+852-2578-9337
　　　　　　Email：hkcite@biznetvigator.com
馬新發行所／城邦（馬新）出版集團 Cité（M）Sdn. Bhd.
　　　　　　41, Jalan Radin Anum, Bandar Baru Sri Petaling,
　　　　　　57000 Kuala Lumpur, Malaysia
　　　　　　電話：+603- 9056-3833　傳真：+603- 9057-6622
　　　　　　Email：services@cite.my
印　　　刷／卡樂彩色製版印刷有限公司
初　　　版／2024 年 06 月
定　　　價／380 元
　　ISBN ／ 978-626-7431-46-7
　　EISBN ／ 978-626-7431-35-1（EPUB）

城邦讀書花園　布克文化
www.cite.com.tw　www.sbooker.com.tw